日本平民三皇妃物语

U0127180

白美英——著

新星出版社 NEW STAR PRESS

自 序

我所著《我们的东邻——日本》一书于 2017 年出版发行后，承蒙读者的厚爱，有意犹未尽之反馈，恰逢明仁天皇退位，德仁皇太子登基，于是，兴起写一写日本皇室。

日本的国体是天皇制，天皇在日本人心中是至高无上的，是日本人的精神信仰。通过对日本皇室的剖析，会有助于读者更加深入了解日本。

日本皇室是"深宫大院"，有法律意义上的《皇室典范》来规范皇室成员的日常生活，其清规戒律甚至比之前中国皇宫更严苛，因为日本原本就是一个非常精细的民族。如果就事论事，难免会使读者陷入枯燥费解之迷雾中，因此，通过以更人性化的手笔讲述日本平民三皇妃的故事，可以使人们更深入地了解日本的宫廷生活。

平民三皇妃，指从皇太子妃升上皇后宝座的美智子妃和雅子妃，以及未来将会成为皇后或皇太后的纪子妃，正是因为她们三人都是平民出身，日本皇室的面纱才得以被一点点地揭开，虽然艰难，但人们已经看到日本皇室掩着的大门开始启动，而且，力度很大。

明仁皇太子与美智子妃、德仁皇太子与雅子妃，从恋爱到结婚，虽历经周折，但都有一段童话般的爱情故事。

秋筱宫文仁亲王与纪子妃也有非常有趣的爱情故事，但秋筱宫文仁亲王是德仁天皇的弟弟，概因当时不是皇位继承人，他们在恋爱上既没有受到过多干扰，还得到皇室成员及宫内厅的热情支持。然而，形势急转而下，因雅子妃只生了一位公主，纪子妃不顾高龄为皇室生下男性子嗣，"母凭子贵"，她无时不在提高自己的存在感，"宫中暗斗"也开始了。

明仁天皇退位，德仁天皇登基，秋筱宫一家一下子有了两位"皇位继承人"，秋筱宫文仁亲王成为"皇嗣"，为皇位第一顺位继承人，儿子悠仁亲王为皇位第二顺位继承人，当然，纪子妃也将会成为皇后或皇太后。据纪子妃亲近的人说："纪子妃现在一直盯着将来成为皇后，这种意识非常强烈。"纪子妃也会越来越受到日本民众的关注。只是现在雅子妃成了皇后，日本国民呼吁雅子妃的女儿爱子当天皇，即"爱子天皇"，一旦如此，纪子妃将竹篮打水一场空。

众所周知，美智子妃与雅子妃嫁入皇宫后都变得郁郁寡欢、身心疲惫，从而引起海外人士议论纷纷。甚至谴责日本皇宫中的人阴险恶毒，中国网民也纷纷谴责他们，但不知其中还有许多深层次的原因。仔细思考一下，两千六百多年的皇家传统岂能因一两位平民女子的加入而瞬时改变？这无异于天方夜谭。

美智子妃是第一只飞入皇宫的平民燕，也是开辟艰难道路之人，自然有许多哀婉的故事。雅子妃是"国际派"，她从小接受美国教育，自然强调个性，长大成人后却嫁入最保守且最传统的日本皇室，可谓"冰火两重天"。雅子·与德仁皇太子用了7年时间才结束了马拉松式的恋爱长跑，并非像人们所说的，皇太子穷追不舍，雅子家一直拒绝这么简单，这中间到底发生了什么？如今，雅子妃坐上了皇后宝座，确实可以大书特书，她的故事也将成为本书重点。

"母凭子贵"的纪子妃从总是表现得特别温柔贤惠到"怨妇"，她的故事也越来越多。可以说，纪子妃的存在很有戏剧性，书中也将尽可能地挖掘出有关她的亮点。

我感到幸运的是，日本皇室管理机构宫内厅的官方网站做得非常优秀，详细介绍了有关皇室成员的活动内容及照片等，我不仅从中获取了第一手资料，也保证了资料来源的权威性和真实性。此外，德仁皇太子与雅子妃于1993年举行结婚大典时，我做对日广播时的老听众堀口忠章先生寄予我光文社出版的《女性自身》杂志紧急增刊，让我了解了当时许多不为人知的故事。

在这里，我要特别感谢日本宫内厅长官官房总务课报道室的安部元章先生。众所周知，宫内厅有森严的保密准则，此前从未向海外作者提供过内部材料。而安部先生不仅对我特别关照，还非常认真负责地为我搜寻到40多张珍贵的以天皇、皇后为首的皇族御照。而且，在近两个月的时间里，安部先生几乎每隔两天就与我互通邮件，告以进展，有时还要加班；宫内厅负责人也慎重进行了许可审查。只可惜，在有关梅根接受采访报道出来的第二天，我最终收到了不可使用以天皇、皇后为首的日本皇族照片的邮件。宫内厅始终以维护日本皇室尊严为己任，我理解他们的立场。但宫内厅仍然为我提供了最新拍摄的日本皇室相关设施的照片，与在其他地方可以看到的皇族照片相比，更为珍贵，更难得一见，从而为本书增加了价值。非常感谢日本宫内厅为我打破了从未向海外提供照片的先例。

我还要特别感谢我的日本友人奥住金卫先生，不仅寄给我有关天皇、皇室的日文版书籍，还不辞劳苦地为我领取并邮寄照片。

还有我的友人黄实先生是著名旅日侨领，曾提供我多张皇室照片；旅日摄影师侯新天先生为我提供了非常专业的照片——他常年拍摄专题纪录片，曾获得多个奖项，尤其是赴四川在艰苦的环境下拍摄的大熊猫专题纪录片得到了多国人民的赞赏；中国前驻日本大阪领事馆的王泰平总领事，以及曾长期在日本生活的好友卢春生先生也都给了我很大的启迪。在此向上述友人表示衷心地感谢！

有了得天独厚的恩赐，加之我在日本时的所见所闻，将这些完美结合后，我相信日本皇室在我们心中将不再那么遥远。

最后，我要衷心感谢我的学友董正先生促成我与新星出版社"联姻"。还有在疫情期间认真负责阅稿的编辑老师，新星出版社为此书辛苦付出的所有同人们，以及支持和帮助过我的所有朋友们，在此一并表示感谢。

目　录

序　章　日本皇室 *ABC*

面纱下的皇室　/　003

皇室一家过日子　/　021

天上掉下个"天皇"　/　028

速写三妃　/　035

美智子妃

大企业家之女　/　045

打动芳心却阻力重重　/　051

日本史上第一位平民皇妃　/　057

有着相似又不相同的经历　/　062

美智子妃的"宫中革命"　/　068

一入宫门深似海　/　075

成为皇后又"失语"　/　082

颐养天年上皇后　/　088

雅子妃

出身外交官家的"国际派" ／ 097

从梦想当兽医到外交官的转变 ／ 103

德仁亲王性格密码 ／ 109

马拉松爱情秘史 ／ 116

"一生呵护"成为丘比特金箭 ／ 124

"新时代皇室的象征" ／ 131

雅子妃——可爱的"打盹" ／ 137

生了皇女还是没完成任务 ／ 143

未怀"二胎"引风波 ／ 150

"日本的戴安娜？" ／ 157

难以逾越的"菊墙" ／ 165

"成为皇后的时代慢慢就会到来" ／ 173

彰显外交风范的"令和"皇后 ／ 180

大学教授的女儿 / 189

"映射在水面上的七彩虹" / 195

里里外外一把手 / 200

母凭子贵 / 207

"我可是将来要做皇后的人，轮得到你说吗？" / 214

教子无方？ / 220

第一次尝到了"失意"的滋味 / 227

"立皇嗣宣明之仪"——吃了定心丸 / 233

尾 声 / 240

主要参考资料及书目 / 243

序 章　日本皇室ABC

· 皇居 ·

近些年，中国人若随旅行团赴日旅游，日程中多有被安排到位于东京都千代田区的皇居外苑一看的项目，并在那里留个影。

皇居外有著名景点"二重桥"，正式名称为"正门铁桥"，是从皇宫到长和殿的特别通道。桥下的护城河，水平如镜，垂柳倒映其中，格外优美，被公认为皇居最美之地；皇居外苑或皇宫广场是日本国民公园的一部分，这里青松常绿、翠柏成荫，还可看到标志性的骑马武士楠木正成的青铜雕像、古朴庄严的城墙；皇居前段的地面由碎石子铺成，走在上面会发出沙沙响声，据说是为保护天皇，当刺客接近时，脚下会发出与石子摩擦的声音，守卫们便可注意到。

皇居内东侧也有21万平方米的公园，称为"东御苑"，并对外开放。由于留有江户城遗迹，很受历史爱好者的喜爱，园内种

二重桥（正门铁桥）（承蒙侯新天先生提供图片）

植着代表各都道府县的树木，还有展示已归于国库的皇室美术品的三丸尚藏馆等。

皇居内部，除了每年的新年（1月2日）和天皇诞生日对外开放两次外（2019年5月1日德仁新天皇登基，5月4日特别开放），平日只能在外参观，这是自昭和二十三年（1948）开始的皇室活动，称"一般参贺"。每当开放日，民众会拿着分发的小型"日之丸"（日本国旗）进入皇宫内参观，一天共有五次"一般参贺"活动。

皇居内有一个大广场，每年的1月2日，天皇一家通过皇居长和殿阳台上的玻璃向民众挥手致意。在平成年间，明仁天皇的手抬得最高、美智子皇后略低、德仁皇太子更低，到了雅子妃，基本上她的手就只能放在胸前摆一摆了。此时，参观的日本民众见到天皇后，就挥着小国旗激动地高呼"万岁"，年轻人也会跟着喊起来。

2020年1月2日，是令和年第一次新年"一般参贺"，近七万民众来到了皇宫，而且，上皇和上皇后与天皇、皇后在公共场合同时出现在民众面前，也是日本史上第一次。

皇居始建于1457年，在日本史书中有"宫城"的称谓，而所谓"江户城"之称，是因为江户幕府第一代征夷大将军德川家康于1590年将此定为都城。德川家康去世后，被日本朝廷赐封为"东照大权现"，成为江户幕府之神，在栃木县的东照宫中供奉，东照宫也成为其后代的神宫，这是后话。

之后，德川家族不断进行扩建，成为今日规模的皇居，其占地面积约17公顷，是东京巨蛋体育馆（55000个座位）的25倍，加上外苑则是它的 50 倍。

第二次世界大战前，日本皇室是最大的"地主"，现在仍有许多地方附有"恩赐"二字，即天皇赐予的意思，如上野恩赐公园、井头恩赐公园等。

第二次世界大战后，皇室财产都归为国有，并将"宫城"改为"皇居"，由"御所"（天皇居住的地方）、"宫殿"（各种公共仪式及政务的举行场所）和宫内厅（管理日本皇室的机构）等组成。

1. 御所

皇居西侧的"吹上御所"是昭和天皇与香淳皇后曾居住的地方，四周花木茂盛，庭院古色古香，给人以幽静典雅之感。吹上即"吹笙管娱乐"的意思，昭和天皇驾崩后，改名为"吹上大宫御所"，香淳皇后继续住在那里，她去世后，至今无人居住。

明仁天皇与美智子皇后居住的"吹上新御所"，由皇宫花费 58 亿日元于 1993 年 5 月 18 日建成，整体上是和风建筑，一部分镶上瓷砖，屋顶铺上红色铜板等，是在传统样式上融入一些新设计感觉的钢筋混凝土建筑。

德仁皇太子与雅子妃及女儿爱子曾居住在离皇居不远的赤坂御用地，他们的住所被称为"东宫御所"，按照雅子妃的意见，九间房全部西式，一楼是公用空间、聊天室等，二楼是私密空间及书斋。"东"是四季之春的方位，意味着下一代，此源于古代中国皇太子的宫殿位于皇居东边。

2019 年 4 月 30 日，明仁天皇退位，他与美智子皇后分别被称为上皇和上皇后，他们要重新回到"东宫御所"，但根据历史上的称呼，改称为"仙洞御所"。德仁天皇与雅子皇后及女儿爱子搬到

吹上仙洞御所（承蒙日本宫内厅提供图片）

赤坂御所（原东宫御所）（承蒙日本宫内厅提供图片）

皇居办公和生活。

赤坂御用地几乎占了东京都港区元赤坂二丁目的整个区域，占地面积也很大，除"东宫御所"外，还是宫家的居住地，即秋筱宫文仁亲王及其叔叔辈的常陆宫、三笠宫、桂宫、高圆宫等各皇族的住所。

秋筱宫文仁亲王一家的御仮寓所，是将昭和天皇的弟弟秩父宫雍仁亲王，也就是文仁亲王爷爷辈的旧秩父宫邸改修后建成的。秋筱宫文仁亲王成为皇嗣后，秋筱宫家将在原住所重新翻修，扩大规模。

日本政府迎接外国元首等国宾使用的迎宾馆在赤坂，所谓"赤坂迎宾馆"，是明治四十二年（1909）作为嘉仁皇太子（大正天皇）的东宫御所而建，仿照西欧豪华宫廷文化而设计的西欧宫殿式建筑，现由内阁府管理。

2. 宫殿

宫殿是各种公共仪式及政务的举行场所，比如：天皇任命内阁总理大臣（首相）、最高法院院长等特任仪式，会见外国贵宾，宴请尊贵客人的宫中晚宴、每年的"一般参贺"，举办祭祀活动等。宫殿是神秘的地方，即使是皇家记者也不可随便出入。

宫殿为占地24715平方米的钢筋水泥建筑，由正殿、长和殿、丰明殿、连翠等七栋组成。正殿的竹之间是会见外国国宾等时使用；长和殿，亦称回廊，宽6.6米、长74米，从宫殿大门到正殿时从这里通过。每年1月2日和天皇生日皇宫对外开放时，皇室一家就在这里向市民挥手致意，天皇和皇后与国宾一起从这里走向正殿的竹之间。

正殿（承蒙日本宫内厅提供图片）

竹之间（承蒙日本宫内厅提供图片）

回廊（承蒙日本宫内厅提供图片）

"二战"后，由于"政教分离"，天皇祭祀主要是宫中祭祀，宫中三殿是指贤所、皇灵殿和神殿，均用于宫中祭祀。

贤所（亦称内侍所）是最高的中央神殿，也最神秘，放置着象征天皇权力的三种神器之一、代表皇祖神天照大神之灵的镜子，由内侍女官守护。如今，宫中迎娶皇太子妃等皇族妃时，在这里举行结婚仪式，即所谓"神前结婚式"，妃子退出贤所时就意味着婚姻成立。皇灵殿祭祀的是从第一代神武天皇到第 124 代昭和天皇的历代天皇及皇后、皇族的神灵，总计合祀 2200 多个神灵。神殿是祭祀日本自古以来的天神地祇，800 万神的地方。

日本著名作家三岛由纪夫曾为小说《丰饶之海》取材，坐轿车从皇居北端的乾门进入，去探究神秘的宫中三殿，与被称为"内掌典"的侍奉神的巫女会面。他写下了初次见到宫中三殿的场景：向纵深望去，有三个神殿：贤所、皇灵殿和神殿，还有神嘉殿（大尝祭的祭祀场所），对面有白砂，在这里可以向四方行拜。贤所直通到神座，直至到神体都没有门窗，只有帘子，也就是说只有空气才能通向神。观音门扇的窗户也只有白天才开，"神"就像活着一样，由内掌典精心服侍着。

位于三重县的伊势神宫（祭祀天照大神的神社）要定期建造新神殿迁移神体，而构成其高潮的是"迁御之仪"，就是将伊势神宫内的御神体从旧神殿移迁到新神殿的仪式。这个仪式只在没有照明的夜间进行，酿造出神秘氛围。神可以从一个神殿迁移到另一个神殿，就是因为神不具形。

3. 宫内厅

宫内厅现在是日本国的省厅之一，是内阁府的一个行政机关，负责皇室的全部事务，同时，管理皇居、京都御所、离宫、御陵等有关皇室的设施。

宫内厅的历史可追溯到文武天皇大宝元年（701）开始的大宝令官制。明治二十二年（1889），《明治宪法》与《皇室典范》同年公布时称宫内省，从大臣官房、总务局、警卫局、侍从、图书、内置、查看、皇太后及皇后宫职、东宫职到大膳（厨师）等，各种职位近30个。当时，宫内省职员大多出身贵族，职位世袭、墨守成规、傲慢专横。

"二战"结束时，宫内省仍有6200多名职员，之后逐年减员，1949年，宫内省改名为总理府下辖的宫内厅；2001年，归到内阁府的管辖之下。到令和元年（2019）末，宫内厅有1068名职员，特别职为70人，由国家公务员法及人事院规则规定的人员组成；一般职员为998人，由宫内厅次长以下的内阁府事务官和内阁府技官等人组成。现在宫内厅有许多官僚，如从厚生省、外务省退下来的官僚等，宫内厅的工作人员，甚至负责天皇家膳食的厨师等，都是有身份的国家公务员。

从历史沿革来看，宫内厅已有一套完整的体系，而且待遇不一般，受到历届天皇及政府的重视，2019年的宫内厅费为123亿2652万日元，比前一年又增加了近10亿日元，可见待遇之优厚。

· 皇室费用及其他 ·

"二战"前，日本皇室财产有山林、矿山、银行、公司股票等，天皇是日本最大的资本家。"二战"后，皇室财产全部归国家所有，原属于皇室的东京都四片绿色大地赐给了民众。现在，日本皇室费用要经过国会讨论通过才能够使用，皇室费用分为三项：内廷费、皇族费、宫廷费。

皇室由天皇陛下及皇族成员构成，又分为内廷人和宫家皇族人。如今，内廷人有：明仁上皇、美智子上皇后、德仁天皇、雅子皇后及其女儿敬宫爱子，共五人；宫家皇族有：秋筱宫（五人）、常陆宫（二人）、三笠宫（四人）、高圆宫（二人），共十三人。皇室出生的男子名字都以"仁"结尾，女子的名字以"子"结尾（历史上有个别例外）。天皇和皇后、上皇和上皇后、太皇太后等被敬称为"陛下"，其余皇族被敬称为"殿下"。

1. 内廷费

内廷人使用的费用称"内廷费"。1992 年，德仁皇太子尚未结婚，与天皇、皇后三口人一年的"内廷费"总额为 2 亿 9403 万日元，除了用于被服、衣服、用餐、交际费以及对各类团体的奖励金外，更多是用于仪式（活动）或个人研究所需的人事费。平成三十年（2018），加上雅子妃和其女儿敬宫爱子五口人的"内廷费"为 3 亿 2400 万日元。

内廷费虽然很多，但开销也大。一次，德仁皇太子在记者见面会上被问到选妃条件时，他不无幽默地说："指着蒂芙尼说要这个要那个的女性比较麻烦。"意思是绝不乱花钱，但当日本漫画家佐藤三平向他提到这句话时，他却说："糟了，今天买了一条登喜路的领带。"作为日本天皇的继承人，即使有节约意识，也要追求品位。

2. 皇族费

为了保障宫家皇族的生活品位，政府每年划分给各宫家的费用称"皇族费"，平成三十年（2018）的皇族费总额为3亿6417万日元，其中，秋筱宫文仁亲王一家的皇族费为6710万日元。

2019年5月1日，德仁皇太子即位天皇，秋筱宫文仁亲王成为继承皇位第一顺位的"皇嗣"，其儿子悠仁亲王成为皇位第二顺位继承人，虽然是"皇嗣"，但享受相当于皇太子的待遇，令和元年（2019）5月1日至今，秋筱宫家的皇族费上升为1亿2302万日元。

3. 宫廷费

"宫廷费"是内廷费之外的宫廷用各种费用，由宫内厅打理，用于举行仪式、接待国宾（外国国家元首）、公宾（政府正式邀请的外宾）等；天皇和皇后到地方行幸启、到国外访问等皇室公务活动所必需的经费；皇室财产管理费用、皇居等设施的修缮费用等，平成三十年（2018）的宫廷费为91亿7145万日元。

像皇太子结婚大典等重大事项时使用的费用，要由皇室经济会议审议通过。皇室经济会议的议员由十人组成：皇族二人（现为秋筱宫文仁亲王和常陆宫正仁亲王的华子妃），众、参两院的议长、副议长，内阁总理大臣（首相），财务大臣，宫内厅长官，最高法院院长。议长由内阁总理大臣担当，另有八名预备议员。德仁皇太子与雅子妃结婚大典时，用了2亿8600万日元。

《皇室典范》中规定：皇室女性成员一旦下嫁平民，就成为平民百姓，必须放弃皇室头衔并搬出皇宫，除非与旧皇族或华族的后代结婚。在她们离开皇室时，由国家支出一笔不菲的补贴，以维持皇室人员的生活品位。

2005 年，明仁天皇和美智子皇后的女儿纪宫清子内亲王结婚，嫁给了在东京都城市整备局工作的职员、平民黑田庆树。清子内亲王婚后改名为黑田清子，同时，从皇统谱中去除皇族身份，拥有了选举权和姓氏等。国家支付给她 1 亿 5200 万日元，折合人民币 900 多万元，作为婚后生活所需。

4. 房地产费

皇宫内的天皇御所及皇太子的东宫御所、宫家居住地，还有为皇家静养的御用邸和为皇家生活特供的"御料牧场"，均属于国有资产，不需要皇家支付房租，由国家负责维护和管理。

一位宫内厅干部曾跟我的朋友说："我整天忙于安排天皇皇后及皇族的日程安排。"可见，以天皇皇后为首的皇族们公务繁忙，因此，作为他们的静养之地，在日本风景优美的地方建有三个较大的御用邸及若干个别墅。

由于战前皇室是最大的财阀，明治二十七年（1894），在神奈川县三浦郡的叶山町建起"叶山御用邸"，大正天皇在此静养时驾崩。1971 年，此御用邸被烧毁，十年后的 1981 年又重新建。由于离皇居近，周边友人多，明仁天皇和美智子皇后常来此静养，在海边散步时，还会与海水浴的人们打招呼。

另一个是在栃木县那须郡那须町建造的"那须御用邸"，建于大正十五年（1926）。此处植物丰富，是日本首屈一指的高原休养地，喜爱植物研究的昭和天皇常来这里，并在此完成了《那须植物》一书，现在的德仁天皇喜欢登山，在皇太子时期也常带家人

栃木县的那须御用邸（承蒙日本宫内厅提供图片）

御料牧场第一厩舍、第二厩舍（承蒙日本宫内厅提供图片）

一起来此处休养并登山。

最新建成的"须崎御用邸",是昭和四十六年(1971),日本政府在静冈县下田市买下原三井财阀用地而建成的。这里是伊豆半岛最风光明媚的地方,面向大海,有私人海滩。

在栃木县有宫内厅管理的皇室特供"御料牧场",那里以养马为主,还饲养乳牛、羊、猪、鸡等,并提供皇室一家的牛奶、鸡蛋、蔬菜等。皇室一家都喜欢喝用那里的奶牛挤出的牛奶做成的特制乳酸饮料(カルグルト)——将牛乳中做黄油和奶油的脂肪分离出来,再加上乳酸菌制成,曾是昭和天皇的最爱。天皇家早餐是"面包党",每天要有烤面包片,还有沙拉、鸡蛋料理、红茶等。德仁皇太子和雅子妃都在英国留过学,还要在红茶里放入牛奶,制成英式奶茶。

可以看出,日本国维持日本皇室的存在需要一笔不小的开支,因此,日本从上到下对此均不乏有意见的人,他们认为用老百姓的税金养活皇室太不合理。

皇室一家过日子

· 理财 ·

原则上讲，战后天皇家没有私人财产，按照日本国宪法第88条，皇室费用全部由国会进行裁决后以公费形式提供。

虽然皇室一家的内廷费和皇族费不少，但各项开销庞大，除了用于生活上的开支、交际费、教育费、医疗费之外，还包括对各类团体的奖励金、灾害慰问金，以及祭祀活动或个人研究所需的人事费等。因此，皇室一家还需要其他收入来源。那么，皇室成员是怎么消费和理财的呢？

在皇室成员中，宫家人可以自由出入、购物、买书或去喝酒，但天皇、皇后、皇太子、皇太子妃是不能自由行动的，出去要配备警卫人员，也不可使用信用卡，只是德仁皇太子在英国留学时，属于特殊情况。皇太子或皇太子妃可以有钱包，只要在内廷费范围内就可以自由消费。

天皇一家可以理财，因为内廷费已属于私人财产，昭和天皇曾努力节约内廷费开支，拿出 10% 来理财，明仁天皇持有股票，德仁皇太子也理财。当然，不是他们本人操作，而是由皇室经济主管统一办理。

但他们同样要上税，比如：股票获利、存款利息以及出书的版权税等，还要交区民税、都民税。昭和天皇驾崩时，留下了 18 亿 6900 万日元，继承人有 11 人，除了皇太后（香淳皇后）和明仁天皇以外，其他人都放弃了继承权，最后算定继承税为 4 亿 2800 万日元。

平民三妃嫁入皇宫后，医疗费用从内廷费或皇族费里支出，之前上过保险的话，可以解约。宫内厅医院是包括内科、外科等八个诊疗科的综合医院，基本上限于皇族、宫内厅职员及皇宫警察等使用，但也有这些人介绍来的人来看病，并可用医疗保险。

三妃可以继承父母遗产，如美智子皇后在她父亲 1999 年去世后，可得到东京都品川区东五反田五丁目的自家正田邸的遗产，那是近代英国都铎王朝风格的上流社会豪宅，是大约保存了 70 年的珍贵建筑，但她放弃了继承权。2003 年，该建筑以老旧为由拆除，在原址上建了一个小公园——"品川区立合欢树庭园"。

· 教育 ·

在旧《皇室典范》中规定：皇族子弟无论男女，从 6 岁至 20 岁为接受普通教育的学龄期，限定只能在学习院学习，这属于皇族的一项特别义务。

学习院的前身是江户时代在京都御所建立的公家（皇家）学问所，明治时代作为华族学校在东京建校，当时是归宫内省管理的国立学校。

1947年，盟军司令部废除了旧《皇室典范》，同时也废除了皇族就学令，学习院成为私立学校，并面向民间招生，但皇族仍然依照传统到学习院就学。迄今为止，上皇、天皇都毕业于学习院，皇室成员也大都毕业于该学校。当今天皇的女儿爱子也在学习院上学。

学习院是从幼儿园、小学、中学、高中到大学的系列学校。学习院包括女子中学、女子大学，贵族女子很多都去那里学习，希望有朝一日能成为皇太子妃。

1972年4月，明仁天皇和美智子皇后的女儿纪宫清子内亲王进入东京都目黑区私立柿木坂幼儿园，成为日本皇室第一个进入民间幼儿园的孩子——这与美智子妃出身平民有关，她希望孩子多了解民间生活。秋筱宫文仁亲王与纪子妃的两个女儿，最初都在学习院就学，大学时又都去了日本国际基督教大学，他们的儿子悠仁亲王从幼儿园开始就进入民间学校接受教育，即在茶水女子大学附属幼儿园、小学和中学上学。

日本皇室与英国王室保持着良好的关系，日本皇室成员大多选择到英国的牛津大学、剑桥大学等学校留学，德仁天皇与秋筱宫文仁亲王都在英国牛津大学留过学，真子内亲王在英国莱斯特大学留过学，佳子内亲王及德仁天皇的女儿爱子也都在英国进行过短期留学。

日本皇室中，最早到外国出访的是裕仁皇太子（昭和天皇），他第一站出访的是英国。自 1921 年从欧洲访问回来后，裕仁皇太子的思想意识发生了很大变化。日本天皇祭祀遵循神道教，是皇室赖以生存的基础，但裕仁皇太子从欧洲回来后，基督教、天主教也在皇室站住脚。

1920 年，天主教团体的圣心爱子会在日本东北地区的秋田创立；1938 年，将本部迁移到离东京不远的神奈川县，并在日本全国设立支部，香淳皇后参加了圣经讲座。

1946 年，昭和天皇频繁接见基督教徒其中天主教徒居多；明仁天皇从小接受了美国基督教贵格派老师的亲授；美智子皇后自小学就进入了天主教风格的圣心女子学校，并毕业于圣心女子大学；雅子皇后也在基督教风格的中学上学，曾在美国哈佛大学、英国牛津大学留过学；纪子妃小时候也随父亲去过美国、奥地利。可以说，日本皇室成员对基督教的态度，与日本民众对基督教敬而远之的态度相比，从思想意识层面上，更亲近，更积极。

· 私生活 ·

《皇室典范》中规定：皇族以保持对皇室的忠顺和品位为先，有职务上的制约，即禁止成为公共团体的官僚、议员，并有居住、旅行、亲族法及财产法上的限制。

虽然皇家身在"深宫大院"，但也锁不住皇室成员在精神上的欢愉。天皇一家从小都受到了良好的教育，除皇太子必学的帝王学外，还学习琴棋书画和运动项目等以提高自身修养，当然，被选中的妃子也得是才貌双全的女子。

天皇一家人人都有拿手的乐器，如：明仁天皇是大提琴，美智子皇后是钢琴和竖琴，德仁皇太子是中提琴、小提琴，雅子妃是钢琴，秋筱宫文仁亲王是吉他，纪子妃是齐特琴（zither，号称奥地利最古老的乐器）。

明仁皇太子是通过打网球与平民女子美智子缔结姻缘的，德仁皇太子和秋筱宫文仁亲王也通过网球与雅子和纪子加深感情。他们也都喜欢摄影，拥有自己心爱的相机。德仁皇太子还是一个登山爱好者。

天皇一家喜欢唱卡拉OK，各有自己拿手的歌曲，明仁天皇的是《船头小调》（船頭小唄），美智子皇后的是《幸福在这里》（ここに幸あり），德仁皇太子的是《津轻海峡冬景色》（津軽海峡冬景色）、《北国之春》（北国の春），雅子妃的是毕业歌《去旅行》（いい日旅立ち），秋筱宫文仁亲王喜欢爵士、欧美民谣，纪子妃唱的是比较传统的《四季歌》（四季の歌），其实，每首歌曲都代表了他们各自的心境。

雅子妃从小跟随身为外交官的父亲辗转世界各地，经常转学，这大概就是毕业歌给她留下深刻印象的原因吧。而美智子皇后所唱的《幸福在这里》，其歌词让人唏嘘感叹，应该说也表达了她自己的心境与处境：

> 又是刮强风，又是下暴雨，
> 女人的道路，为什么那么险峻，

有赖于你，我才能活下去，

我的幸福，就在那蓝天里；

无法向人倾诉，那爪子的抓痕，

来自内心，已接纳的爱情之鸟，

哭泣、逃避、彷徨、徘徊，

夜里的街巷，寒风在悲叹；

尽生命之力，呼唤着你，

在回响的尽头，有谁在等待，

依偎于你，仰视光明，

我的幸福就在那白云里。

　　明仁天皇发表讲话的稿子，经常是自己撰写并亲自用文字处理机打出来，他还是鱼类研究学者；德仁皇太子擅作历史学研究，水运研究等，用的是笔记本电脑；秋筱宫文仁亲王也是用文字处理机，他喜欢研究自然。

· 少自由 ·

　　或许有人会说，既然天皇家这么有人情味儿，为什么平民妃子进入皇宫还要经历那么多磨难？中国有句话讲："皇上不急太监急。"那就是宫内厅的职责所在，有时连天皇或皇太子也奈何不了他们。

　　宫内厅虽然只是一个机构，但它是在内阁总理大臣的直接管理下，负责和皇室相关的国家事务，即以天皇皇后为首的皇室成员在宫中的活动及出访海内外、国际亲善等活动安排，保护皇室文化传承，保管御玺、国玺等，特别是肩负着维护皇室家法《皇室典范》的重任，有时也是不得已而为之。

比如：时刻盯着皇太子妃生出皇子"传宗接代"、皇子的教育问题、祭祀问题、繁文缛节的礼仪问题等，即使包括天皇在内对他们表示不满，宫内厅的长官也会以"这是皇室的规矩"怼回去。

昭和时代，有一位被称作"魔女"的女官今城谊子，她本是贞明皇太后（大正天皇的妻子）的女官，于 1929 年入宫，但 1939 年就代皇太后参加明治天皇的定期祭祀和大正天皇祭祀。1951 年，她又成为香淳皇后的女官，时时将逝去的贞明皇太后的礼仪规矩教给香淳皇后。贞明皇太后是强烈要求昭和天皇定期进行宫中祭祀的，她认为不祭祀会受到"神的惩罚"。而昭和天皇倾心于生物学研究，不热衷于祭祀，当他身体逐渐衰弱时，入江侍从长将祭祀活动从每月一次减少到一年两次。然而，今城女官说服香淳皇后，于是，皇后对入江侍从长说："什么时候改成一年两次了，还是希望每月举办一次。日本国不知为何总有怪事发生，现在仍然需要规规矩矩地举办祭祀活动。"对此，昭和天皇也无可奈何。所以，平民女子入宫，一时半会儿怎么能斗得过他们呢？

话说回来，宫内厅的许多规矩都可从中国古代皇宫中找出它的踪影，包括类似管理皇帝房事的"敬事房"。我们总说日本保留传统做得好，有时也得辩证地看。

天上掉下个「天皇」

· 天皇是"神"·

纵观世界历史，在古代，统治者被称为皇帝、大帝或国王。一般来说，大国的统治者才可以称为皇帝、大帝，且只能有一个，如秦始皇、亚历山大大帝、彼得大帝等；而国王比皇帝的地位低，往往是领土面积比较小的国家或附属国的统治者，如朝鲜、安南（现越南）、暹罗（现泰国）等。

而日本在古代也是小国，曾向中国朝廷朝贡，首领受中国皇帝册封为"王"，在大和朝廷成立之前，中国称日本为"倭""东夷"。但日本第40代天皇——天武天皇（673—686年在位）一改与唐朝合作的态度，整改国家体制，因为中国的"皇帝"称号乃世界中心的统治者之意，"皇"意为"王中之王"，天武天皇既不敢称皇帝，也不甘心称低人一等的"大王"，别出心裁创造出"天皇"称号，加入"皇"字，以向内外宣示"与中华皇帝对等"，同时又没有征服周边民族的意味。

7世纪初，圣德太子希望与中国进行平等外交，不想接受中国册封，他在给隋炀帝的国书上写："出づる処の天子、書を日没する処の天子に致す。恙無きや。"直译就是：日出国天子（天皇）致日没国天子（隋炀帝），安然无恙？隋炀帝看后大怒，拒绝给圣德太子回信。之后，圣德太子再给隋炀帝送上国书时，上面写道"东天皇敬问西皇帝"，这是圣德太子以写信的形式正式表明，日本天皇与中国皇帝的地位是对等的。

现在的西方媒体也往往把日本的天皇用"Emperor"（皇帝）来表示，因为有"皇"字。其实，日本天皇（一直）是靠血统来延续的，所谓"万世一系"，而"king"（国王）恰恰是靠血统来维持的正统君主，日本天皇应该是与"king"更吻合，这与中国皇帝经常因改朝换代而易主不一样。

天皇，顾名思义，地上的统治权来自天上，据712年和720年在日本问世的《日本书纪》和《古事记》记载：天上诸神之国称高天原，地上称苇原中国，地上各岛是由伊邪那岐命和伊邪那美命夫妇神创造的，伊邪那岐命让孩子天照大神统治高天原。但地上也有诸神，于是，天照大神就把天孙降到人间，统治地上之国。即"以皇祖神天照大神之命，天孙降临，其子孙统治这个国家"。

天照大神留下三件神器（草薙剑、八咫镜、八坂琼曲玉），让她的后代永远统治人间，其曾曾孙神武成为日本第一代天皇，这样虚拟的神武天皇就被人为地摆在日本历史舞台上了。从此，日本天皇的权力就与"神"联系在一起了。

因为天皇是"神",由天皇和皇族构成的日本皇室成员便都没有人间姓氏,即使到了现代,他们也没有户籍,没有选举权和被选举权。

天皇和皇后没有护照,如果要去某国访问,由政府出面与对方国家交涉,办好相关手续后才能入关。皇太子(妃)及其他皇族成员还是需要护照和签证的,但他们持有《外交官用护照》,是免检的,在官职一栏上注有:皇室家庭成员。

《皇室典范》于1889年与《明治宪法》同时出台,它确定了近代天皇地位及其继承制度,是皇室制度与结构的相关法律。它有新旧两版,新版《皇室典范》是1945年在美国制定的《日本国宪法》下重新制定的。

新旧版中一致的是第1条和第4条,分别为:"只有男性皇嗣有皇统、皇位继承权;天皇驾崩时,皇储需立即继位。"也就是说,天皇只能由男性子嗣继承,天皇是"终身制",没有生前退位的规定。因此,当明仁天皇于2016年8月8日发表"生前退位"讲话时,在日本引起轩然大波。

由于皇太子妃雅子没有生下儿子,而德仁皇太子的弟弟秋筱宫文仁亲王的纪子妃生下了一个皇子,这个戏剧般的变化,成为动摇《皇室典范》根基的伏笔。

· 日本人心中的天皇 ·

如今,在日本人心中,天皇是有"两个身体"的人:一个是令人敬畏的"神";一个是在现实中充当调整角色,以弥补政府做得不到位的地方的人。

皇室一家执行公务专门有"皇室用语",天皇外出称"行幸"、天皇皇后一起出行称"行幸启",皇后、皇太后、皇太子及皇太子妃单独外出时称"行启",日本媒体在报道皇室活动时,都是用最高敬语。

17世纪的英国资产阶级革命、18世纪的法国大革命等,以国王为首的许多特权阶级均被革命,欧洲近代革命腥风血雨,而日本近代化却稳步进行,很大一部分原因是日本有天皇存在。江户时代,最后一个将军德川庆喜将权力交给天皇,实现"大政奉还",他及家人也体面地退出了政坛,德川家族得以延续,现在已经是第14代了。因此,日本皇室不仅没有被革命,日本国体也没有发生改变,可见,天皇在日本人心中是超越性的存在。

再举个例子来看看天皇在日本人心中是怎样的存在。

虽然日本天皇在历史上一直没有实权,常被政治利用。但"二战"后,美国制定的《日本国宪法》,把天皇从"神"变成人,成为象征性天皇,以作家三岛由纪夫为代表的一些日本人就开始感到迷茫。

三岛由纪夫对昭和天皇宣布自己是人不是"神"的《人间宣言》感到决不能容忍,认为这是对为"神"的天皇奉献生命的特攻队员的背叛,当看到昭和天皇穿上西服与麦克阿瑟合影时,他更是敏感地认为日本的主权已移交到美国手里,西服正是其象征。在呼吁"以天皇为中心的政治"失败后,三岛由纪夫于1970年11月25日绝望地切腹自杀。

早在 1889 年日本政府制定《明治宪法》时，主要起草人伊藤博文（后任日本第一届首相）就将皇室作为宪法的政治基础，他深知欧洲宪法的政治基础根植于基督教的信仰体系，也知道日本神道教没有思想体系，更没有基督教的绝对价值观，他在枢密院审议帝国宪法草案的会议上说："只有皇室可以作为我国宪法政治的精神支柱。"意思是日本宪法要以皇室作为日本的精神支柱。

日本人都有一种保护天皇"灵性"的使命感，所谓"灵性"，具有作为国家、国民信仰对象的超越价值。对于日本来说，就意味着隐匿在从皇祖神天照大神到天孙琼琼杵尊，再从第一代虚拟的神武天皇一直延续到当今天皇身上的"神性"。

因此，刚登基的德仁天皇只能在 2019 年 11 月 14—15 日，举行夜间"秘仪"的大尝祭（"大尝宫之仪"）后，才算真正完成了新天皇登基。

日本政府把第一代天皇神武天皇建国的日子（公元前 660 年 2 月 11 日）定为"建国纪念日"，也说明了日本天皇的神性在日本的地位之高。

· 为什么天皇没有权力 ·

在世界许多国家的历史上，皇帝或国王都曾权倾一时，因时代发展，皇帝或国王被认为是封建社会的产物，纷纷被革命，他们或被"拉下马"，或被留着当了"象征"，成为所谓"君主立宪制"国家，如英国、挪威、瑞典、丹麦、荷兰等。

日本现也被称为君主立宪制国家，但日本天皇在历史上几乎从来没有过权力（明治天皇也不具有绝对权力），即所谓权力与权威分离（在我的旧作《我们的东邻——日本》中有详述）。

一位日本老人曾对我说：日本古代没有受到过外国侵略，一直是封闭的岛国，且日本四周环海，古代出海生命攸关，"岛"便成了日本人生活的全部，人的流动性很低。日本又是单一民族国家，各个王国出现争端就需要一个大王出来解决，这个大王就成为受人尊敬的人，但他成不了统治者，而是一个象征性的人。依据日本神话，天皇（大王）作为"神"降临人间，因此日本人对他虔诚地敬奉，祈祷"神"的呵护。

自古以来，日本天皇都不是统治者，而是日本人的精神信仰。古代藤原氏长期摄政，到了武家政权时代，是幕府将军掌握实权。因此，即使天皇一家已穷困潦倒，仍然具有"权威"。

日本战败后，日本人在日本史上第一次有由异民族（美国）统治的经历，接受了"美国民主"的规则（新宪法）。但因保留了天皇，（美国）在统治方面，不是直接统治，而是通过日本人间接统治。

"二战"之后，西方国家对德国实施的是由英美法占领西柏林、苏联占领东柏林的统治方式，德国纳粹政府被彻底粉碎；而日本几乎由美国一国占领，虽然法国代表主张由发动战争的国家和国民全体承担损害赔偿责任，但美国代表提出领导者责任观，在盟军会议上确立了战争指导者成为刑事惩罚对象的新的法律概念，在远东国际军事法庭上，将东条英机等28人定为甲级战犯，7人处以了绞刑。

美国完整地保留了日本政府，采取"铁拳戴天鹅绒手套"的做法，即美国人"发号施令"，由日本政府对日本进行统治，既易于让日本人接受，也易于推行其政策。

最重要的是，盟军总司令麦克阿瑟为了让昭和天皇协助美国顺利占领日本，销毁了大量罪证，使昭和天皇免于以战争罪被起诉，也没有让他在投降书上签字，保留了日本天皇制，于是，日本绵延不断的"国家形态"（国体）得到维持，日本人完全没有国家灭亡的感觉。日本天皇的"权威"起了作用，支撑了战后日本人重新建设国家，并创造了战后经济高速成长的奇迹。

日本天皇虽然成了"虚君"，但仍与议院、内阁一起并列在政体之中，作为日本国政治统治权的象征。在国会开幕式时，天皇都会按照惯例致开幕词，日本共产党认为这有问题（违宪），一直缺席开幕式，但从 2016 年 1 月也开始派代表出席了。

尽管现在的日本年轻人对天皇的崇敬感没有老一辈强，但日本人认为，日本不能没有天皇，天皇是日本国民的精神信仰，如果没有天皇，日本就会陷入混乱。

速写三妃

平民三妃嫁入皇宫时，由于时代和地位不同，在各个方面都显示出差异。

美智子妃是日本大型企业日清制粉公司前社长、董事长正田英三郎的长女，于 1957 年毕业于天主教风格的圣心女子大学文学部外国语文学系。

雅子妃是外务省前外务次官（相当于副部长）、日本驻联合国大使小和田恒的长女，于 1985 年毕业于美国哈佛大学经济学部；1987 年，东京大学中途退学，同年 10 月进入外务省工作。1988 年至 1990 年，在英国牛津大学留学。

纪子妃是学习院大学教授川岛辰彦的长女，于 1989 年毕业于学习院大学文学部心理系；1995 年，学习院大学人文科学研究科心理学博士前期课程结业；2013 年，茶水女子大学人文科学博士毕业。

· 爱的表白 ·

三妃最初都对进入皇室存有戒心，尽量采取回避措施，但无论明仁皇太子，还是德仁皇太子都有一个"通病"——痴情。秋筱宫文仁亲王与纪子之间没有什么波澜，但纪子开始也有顾虑。这时能"捅破最后一层窗户纸"的，往往就是那句让对方动心的表白了。

明仁皇太子对美智子说："只带一个柳条包来到我这里。"

德仁皇太子对雅子说："进入皇室会有各种不安和担心，雅子的事我会尽全力一生呵护。"

秋筱宫文仁亲王对纪子说："和我在一起好吗？"

· 彩礼 ·

皇族订婚时，男女双方要交换彩礼，从天皇家送彩礼的仪式，日文称"納采の儀"。

美智子妃订婚时，"納采の儀"是在大婚前五天送达的，有钢琴2台、客厅套装、西装衣柜2个、和服衣柜3个、晚礼服6件、白天穿的礼服6件、和服40套，还有缝纫机、卧室用具、毛巾等，豪华且精细。同时，还有由宫内厅干部代表皇家进入正田家奉送的上等精致礼品：西服面料5卷，宫内厅御用清酒6瓶，鲜鲷一折。总金额是3000万日元（当时是笔巨款），用了3辆载重6吨的新卡车。美智子家不差钱，为了让女儿在皇宫过上好日子，同时，也是对皇室傲慢的回应，美智子的父亲正田英三郎说："皇室出多少钱，我就拿出多少钱。"所以，美智子的父母也为她准备了3000万日元的嫁妆。

纪子妃订婚时，"納采の儀"也是在大婚前五天送达的，因时代和立场不同，她嫁的又是宫家秋筱宫文仁亲王，所以，天皇家送的东西，包括她喜欢的布娃娃在内，只用了小型卡车3辆。纪子妃的父亲是学习院大学教授，家底不厚，据说是皇家提供资金让她家准备嫁妆的。宫中尽是贵族出身之人，尽管有的没落了，但心中有傲气，还是因此看不起纪子妃。

到了雅子妃订婚时，"納采の儀"是在大婚前六天送达的，恰遇雨天，1993年4月12日上午9点，5辆装有2吨货物的新卡车横在她家门前，大小纸箱70多个。同样，由东宫大夫菅野弘夫进入小和田邸，在设有金屏风的一层约26平方米的会客厅奉送来自皇家的上等精致礼品。礼品大致为：绢5卷，用于礼服；清酒一荷，是装在木箱里的6瓶1升的宫内厅御用清酒；鲜鲷一折，是在日本近海捕捞的长度50厘米以上、超过10千克重的雌雄两条真鲷，它们被摆成"八"字形，盒子上还系着金银绳。菅野大夫向雅子及其父母口述纳彩之言后，将放在木台上的物品目录送到雅子手上。

"納采の儀"那天雅子妃身穿和服，并说这是她"成人式后第一次穿和服"。而德仁皇太子异常兴奋地对她说："很好！穿西装好，穿和服更好！"

雅子妃的和服带子花纹与美智子妃发表婚约当天的相同，是七宝华纹，由美智子皇后专门在自己中意的东京日本桥吴服店

（和服店）"满本"定做。而纪子妃在"納采の儀"那天的和服带子是菊华纹。

仪式结束后，雅子和父母访问皇居，向天皇、皇后和皇太子问候。这天，皇太子将天皇、皇后准备的珍珠戒指戴在雅子的无名指上。

雅子的父亲虽然是外务省高官，但也只是领薪水的公务员。6月3日，雅子从自家将家具、衣服、书籍等物品运到东宫御所。在雨中，由40个人将600个用厚纸包着的东西，放进5辆2吨卡车中，雅子的爱车——灰色卡罗拉II，作为嫁妆也带了过去。

· 宫中养蚕 ·

5000年前或6000年前在中国开始的养蚕技术，3世纪时传入日本。日本皇室养蚕历史很悠久，在《日本书纪》中记载着462年有关皇室养蚕的内容。1871年，昭宪皇后（明治天皇的妻子）又重新在宫中开始养蚕，这是因为明治时期把养蚕作为出口的重要产业，为了鼓励人们养蚕，皇后和皇太子妃就亲手育蚕，之后历代皇后和皇太子妃将这个传统保留了下来。

宫中蚕有四个品种：1.日本国产的"小石丸"，因个小、产量少，在中日杂交品种出现后，日本农家几乎没人养这种蚕了。但"小石丸"纤细，丝质好，可用于修复正仓院宝物，美智子皇后为了保留日本传统坚守下来。2."白兰"，中日杂交品种。3."黄兰"，中欧杂交品种（金黄色）。4.日本原产野生品种"天蚕"（绿色）。

日本皇室用这些蚕织成绢织物，除了作为国宾礼送给外国元首夫人外，还作为天皇家送给订婚妃子的彩礼的一部分，这已成为惯例。之前美智子皇后给纪子妃 3 卷、给雅子妃 5 卷，由她们用来做礼服参加活动。例如：出席结婚时的酒宴"饗宴の儀"，雅子妃是三天六次，这种场合非常讲究礼节，雅子妃需要常换礼服。

美智子皇后给雅子的五卷绢织物中，除了两卷是传统花样外，三卷是由她亲自命名的花色，其中"四方之海"是用自己养育的蚕茧，亲自手工制作，"为将来成为皇太子妃的人"精心保留了数年，以祈愿皇太子和皇太子妃永久顺意、皇室和平。

每年 1 月 1 日，即元旦清晨，在宫中神嘉殿的白砂南院设四间临时四方宫殿，天皇完成换袍、洗手等庄严仪式后，向四方的天神地祇、神武天皇（日本第一代天皇）和先帝各神社依次礼拜，即"四方拜"。这是自平安时代中期宇多天皇（887—897 年在位）开始的例行活动，天皇通过向神献上祝福，祈祷祛除天灾、五谷丰登、皇位永久和国家国民安宁。美智子皇后精心为雅子妃准备的"四方之海"的灵感是否就是来自这个"四方拜"呢？美智子皇后虽然来自民间，但嫁入皇宫后，心之所向的重点，还是皇位永久和国家国民的安宁。

· 晚餐会 ·

一般情况下，在"納采の儀"后，天皇家会举行晚餐会，意思是以天皇家为中心结亲缘，彼此友好相处。

美智子妃时，在"納采の儀"的一个月以后，昭和天皇及皇太后（非皇后）才在皇宫的临时宫殿请美智子和双亲一起喝茶，但是没有一起吃晚餐。

到了纪子妃时，明仁天皇与美智子皇后在"納采の儀"之后，马上请她的家人一起共进晚餐，但纪子妃毕竟嫁给的是宫家，具体情节没有太多披露。

而对雅子妃的待遇就不同了，在"納采の儀"之前，也就是刚刚订下婚约后，天皇家就精心安排了晚餐会，请雅子父母及一对双胞胎妹妹，以及天皇家的亲戚（池田家、岛津家、东久迷家及壬生家），还有美智子皇后父母正田夫妇、纪子妃的川岛家一起到天皇、皇后的御所齐聚一堂。此前，从没有天皇家与平民一起开晚餐会的特例，按老牌皇家记者的说法："这样的事情，完全是特例。"

皇太子的结婚大典后，有一个非常重要的环节，就是举办酒宴迎各方嘉宾，日文称"饗宴の儀"。德仁皇太子与雅子妃结婚的总费用为 2 亿 8600 万日元，其中，"饗宴の儀"就用掉 1 亿 7800 万日元。美智子妃时，酒宴在三天内举行了五次；纪子妃时，只有一天两次；而雅子妃时，是三天六次，招待客人达 2700 人次。

· "妃教育" ·

三妃嫁入皇宫前都要接受"妃教育"，她们所接受的课程与时间有很大的差异。可以说，美智子妃最不幸，雅子妃最幸运，纪子妃最轻松。

美智子妃因是日本皇室迎娶的第一位平民皇太子妃，宫中对她的"妃教育"过度重视，使得美智子妃极度紧张，甚至引发贫血昏过去。

雅子妃的课程比较简单，而且，善良的美智子皇后深知平民女子入宫不易，大概也是爱子心切，时时为雅子妃开绿灯。入江相政侍从长负责雅子妃教育中的"宫中习惯"课程，他在日记中写道：把善解美智子皇后心理活动的天皇家女官长井上和子安排在有关宫中仪式的讲师阵营中，能感到皇后在各个方面都在为雅子妃考虑。

雅子妃自己要求课程中多增加和歌部分的内容，因为在学古文的高中阶段，她正在国外上学；而和歌在皇室中占有非常重要的地位，不仅每年新年有歌会始之仪，每月还举行"月次之歌"，加上天皇和皇后的生日、明治天皇的诞生日（文化节）等，一年之中需要咏和歌的活动有 16 次之多，是皇太子妃必须具备的修养。

相对来讲，纪子妃只用了 28 个小时，学习在宫中必备的礼仪和历史。

平民三妃中，有美智子妃打头阵开辟了入宫的艰难之路，后来的雅子妃和纪子妃所处的皇室环境与美智子妃时代相比已幸运得多了。

美智子妃

正田美智子是日本历史上第一位平民皇太子妃、皇后。

她是家财万贯的大企业家之女，且天生丽质，又好胜敏感，只因一场网球赛，惹得明仁皇太子痴心不改。在当时的日本，平民家都知道皇宫深不可测，等级森严，嫁到宫中难免会受苦，而皇宫也从来没有想过让未来会成为天皇的皇太子娶平民女子做皇太子妃。

没承想，明仁皇太子和美智子竟然携手跨过了这个巨大的鸿沟，最终两人冲破皇家的重重藩篱，结合在一起。明仁皇太子在日本皇家史上开创了"自由恋爱"的先河，平民美智子成为皇太子妃。

因为美智子妃是皇宫中第一位平民皇太子妃，她的故事离奇曲折也是必然的。

大企业家之女

在嫁给明仁皇太子之前，她姓正田，名美智子。自古以来日本人认为天皇是"神"，皇族没有姓名，所以，她嫁入深宫后，被称为美智子妃。

正田美智子作为日本大型企业日清制粉公司会长正田英三郎和富美子的长女，于1934年10月20日出生于东京。

正田家住在东京富人区，美智子的祖父正田贞一郎是日清制粉的创立者，她父亲在战前就接手经营这家公司，担任社长和董事长，她的外祖父副岛纲雄是中支那振兴理事，也是实业家。

正田家不只精通经商，同时也是书香世家。美智子的父亲正田英三郎有兄弟三人，分别是大阪大学的校长、东京大学的地质学教授和医学部教授。他本人正派朴实，教子有方，两个儿子均毕业于东京大学法学部，两个女儿都上了圣心女子大学。

美智子的母亲正田富美子，贤淑貌美，弹得一手好钢琴，每晚8点以后，全家人聚在客厅，听她演奏肖邦等古典钢琴曲，有时孩子也和琴而唱。

因此，相对日本皇室来说，美智子虽然是平民出身，但也不是一般意义上的平民，虽然没有贵族血统，但也出身名门望族。

美智子从小受到了良好的教育，她于1941年进入东京双叶学园小学，1944年遭遇战争疏散时期，转到神奈川县藤泽市的乃木高等女子学校附属小学，1945年5月，又转入长野县的轻井泽第一国民学校。

小学老师回忆美智子那时的性格说：她是非常认真的女孩子，活泼且好胜，性格敏感。有运动细胞，喜欢体育，同时学习钢琴、绘画、料理和香道等。

1947年3月，美智子从双叶学园双叶小学毕业，中学和高中都在"圣心女子学校"上学，这是一所天主教风格的学校。正田家信奉天主教，尽管美智子没有受过洗礼，但她在学生时代每天过着规律的生活，清晨去上学，下午3点回家，正是"下午茶"时间，喝茶吃点心，之后做功课，晚上6点开始吃晚饭，家庭教育非常严格。

1957年，美智子进入圣心女子大学文学部外国语文学系学习，在校期间，担任班上的福祉委员长，全学自治会会长，并以第一名的成绩毕业，且在毕业式上作为代表发言。美智子本想继续深造，但父母的意愿是让她回归家庭，她便参加俱乐部的活动，网球水平大大提高。

美智子的成长经历以及她的性格，在之后影响了她的一生，这可以在她成为太子妃及皇后之后所发生的事情中找到印证。

美智子不仅天生丽质、多才多艺，在英文学研究、绘画及钢琴等多个领域增强自身修养，还非常勤奋努力。她大学的学友看到她学习插花时说："美智子在练习手册上非常细腻地绘出构图或灵巧的花形，令我佩服！因为在插花练习中是不能做笔记的，都是她回家以后凭记忆描绘出来的，她非常准确地抓住了要点。"除此之外，美智子还会打网球、跳交际舞等，是位社交名媛。

从东京市区往西北方向 150 千米的长野县东南部，有一个被称为"东京后花园"的地方——轻井泽，那里山峰环绕，有浅间山、鼻曲山、碓冰岭等，是海拔约 1000 米的高原地带，夏季气候凉爽，落叶松和白桦树生长茂盛，自然环境宜人。1886 年，英国传教士经过轻井泽，对其酷似自己的故乡苏格兰感到惊讶，便在那里建起了第一座别墅，并在那里度过一夏。此后，轻井泽就作为避暑胜地受到日本上层人士的青睐，并成为日本豪华别墅区及上流社会的聚居地。

天皇家在轻井泽有别墅自不必说，正田家在轻井泽的别墅也是由来已久，而且还是那里著名的"轻井泽会"网球俱乐部的会员。每逢暑期，正田一家便从东京来到浅间山附近的轻井泽别墅度假。

美智子曾向好友说她喜欢轻井泽的自然环境，喜欢那里的树木、花草及鸟鸣。她在谈到网球时说："自从去了网球场，即使正在学习，当听到网球发出砰、砰、砰的声音，就不能静下心来，可还要完成暑假作业或毕业论文，真是烦恼。"

天作之合的开始源于 1957 年，美智子与明仁皇太子在"轻井泽会"网球场邂逅。8 月 18 日，22 岁的美智子参加了由"轻井泽会"主办的例行网球淘汰赛，而明仁皇太子也参加了这次网球赛。

明仁皇太子非常喜欢打网球，不少日本网球名将被邀请到宫中打比赛。当时的明仁皇太子双人组凭借自己的实力，正在不断取胜一步步晋级，但当比赛进行到第三轮时，却意外地输给了与法国少年联手的正田美智子双人组。而明仁皇太子不仅没有表现出尴尬，还坦然地说："打过去，再打过去都能打回来，无论什么样的球都不放弃地打过来，我被她的顽强折服了，女子中也有这样的人啊。"据说，明仁皇太子的随从人员在比赛前，还特意告诉美智子"明仁皇太子从未输过"，显然是在提醒美智子打网球时注意自己的身份，不要逞强。可当时，天生好胜的美智子对此并没有放在心上。

这也解释了为什么明仁皇太子会对美智子一见钟情。想一想，到宫中与明仁皇太子切磋球艺的网球名将一定会刻意让着他，而且在皇太子身边的人，要么是一些唯唯诺诺的侍从，要么是中规中矩的贵族女子，美智子这位民间美女以当仁不让的个性突然显现在他眼前，无疑给明仁皇太子耳目一新的感觉。

淘汰赛之后，大家都从避暑胜地轻井泽回到东京，而23岁的明仁皇太子对这个连名字都不知道的女性产生了深刻的印象，多次向友人打听："正田小姐是个什么样的人啊？"

此后，明仁皇太子经常邀请美智子参加网球聚会，两人开始频繁交往，他们一起出去游玩，彼此心情愉悦，并在许多问题上看法一致。

明仁皇太子还用自己心爱的相机抓拍美智子，并将其中一张美智子带着发带、秀发上卷的照片，以《女朋友》为题，参展宫内厅的职员文化节。那时宫内厅的人们还都没有意识到美智子会成为皇太子妃，因为她是民间女子，宫中没有先例，皇太子要自由恋爱是难以想象的。

日本自古以来，皇家选妃的范围只局限在旧皇族和旧华族当中，也就是说，按宫中惯例，"（未来皇后）皇太子妃是从皇族（旧宫家）或五摄家（伯爵以上）特定的旧华族中选妃"。虽然"二战"后日本公布了新《皇室典范》，但在 20 世纪 50 年代，皇室"从平民选妃"仍然是人们想都不敢想的事，美智子是平民，连进入选妃名单的资格都没有。

1946 年 12 月 24 日，在皇族会议上决定，除了昭和天皇的三个弟弟，即秩父宫、高松宫、三笠宫三个直系宫家外，其他十一个宫家——即闲院、东伏见、伏见、山阶、贺阳、久迩、梨本、朝香、东久迩、北白川、竹田——脱离皇籍，旧宫家，就是指这十一个宫家。本书在后面就会提到相关宫家，到时就会有所了解了。

早在 1951 年，明仁满 18 岁（按宫中规定的成人标准：天皇是 18 岁，皇族是 20 岁）后，宫内厅就已经开始进行选妃的非正式调查。1953 年，宫中成立了"皇太子选妃问题对策本部"（皇太子选妃委员会），明仁皇太子选妃问题便成为整个皇室，甚至整个日本的头等大事。

当时在旧宫家和旧华族的适龄女子当中，有的早已订婚，有的不愿意在宫中过没有自由的生活。最重要的是明仁皇太子一个都没有看上，他认定非美智子不娶。1958 年夏天，明仁皇太子又在轻井泽邀约美智子，但这次与以往不同，他将美智子作为"第一候选妃"，并向正田家正式提亲。

可是，那时日本保守势力听说美智子在与皇太子交往，经常往美智子家打威胁恐吓电话，警告美智子离明仁皇太子远一点，"再也不要接受殿下的邀请"。而正田家生活富足，更担心美智子入宫后受不了那里的宫规约束，日后不幸福，希望美智子能在民间找到一位合适的伴侣，生活得更惬意。

于是，美智子父母让美智子以日本代表的身份出席在比利时布鲁塞尔召开的圣心女子学院的国际会议，让她到欧洲旅游，以躲避明仁皇太子的追求。

美智子从欧洲到美国度过了近两个月的虐心之旅，因为明仁皇太子穷追不舍，她每到一处都会收到明仁皇太子托人带去的情意绵绵且信念坚定的信。

美智子给亲友写信说："10 月 20 日是我 24 岁的生日。这天我去参观尼亚加拉大瀑布，我一人下到瀑潭，伫立在那里，盯着那旋涡。我为就这样被它吸进去的妄想而苦恼不已。"

美智子父母知道后很担心，就把美智子唤回了日本，但给明仁皇太子的回答仍然是："还是不能接受。"

明仁皇太子苦恼地说："我这辈子，难道不能结婚了？"

打动芳心却阻力重重

明仁皇太子幼儿园时期的养育办公室里留下的资料写道："皇太子与其他孩子相比在行动上没有那么轻巧，缺少敏捷性，判断力不是很快，是慢慢思考问题的类型。"也就是说，他不属于天生伶俐的孩子。

明仁皇太子年少时的家庭教师伊丽莎白·维宁在其所著的《皇太子之窗》一书中，对明仁皇太子有这样的描写："他是一个纯粹的少年，具有天不怕地不怕的性格，能坚持自己的主张。"

可以说，明仁皇太子在追求美智子时彰显了上述性格，不顾严苛的宫中惯例，也不会投机取巧，坚定地实践自己的想法。

明仁皇太子在遭到美智子家的拒绝后情绪异常低落，他的学友看到"殿下非常沮丧"，实在看不下去了，就给明仁皇太子出主意说："这种情况下，在我们的世界里，只能直接对她说'只带一个柳条包来到我这里'。"

于是，明仁皇太子听了友人建议后的第四天，就直接给正田美智子打去求婚电话，一直聊到深夜。两人长长的通话结束后，美智子从自己的房间出来，告诉父母自己答应了皇太子的求婚，且已经下定决心了。据说，美智子被皇太子强烈的爱所感动，眼睛都哭红了。

日本某权威杂志也证实，皇太子求婚时说："只带一个柳条包来到我这里。"表达了他对美智子深深的、纯真的爱。

虽然美智子家答应了明仁皇太子的求婚，但在宫中选妃委员会召开的全体会议上，当明仁皇太子和美智子的婚事被正式提出来时，还是遭到了强烈反对，宫中的人极力恶语中伤美智子："作为堂堂大日本帝国的皇太子，哪能随随便便从球场上拉一个打球的来当皇太子妃？"

良子皇后（昭和天皇的妻子）也不能接受这门婚事。良子皇后的父亲是日俄战争的陆军步兵少佐，后成为大将，并历访各国，她的母亲是旧萨摩藩主岛津忠义的第七个女儿，出身高贵，因此良子皇后从骨子里就看不起平民。

在《读〈昭和天皇实录〉》一书中，关于明仁皇太子和正田美智子结婚一事有如下记载：1958 年 7 月 23 日，昭和天皇与良子皇后用 1 小时 30 分钟听取了宫内厅长官宇佐美毅和小泉信三参与（职名）等人关于皇太子选妃的说明；8 月 15 日，昭和天皇与良子皇后接受宫内厅长官宇佐美毅的拜谒，允许他进一步说明明仁皇太子和正田美智子结婚事宜；10 月 11 日，因良子皇后听到东宫的人们说从平民中选妃太不像话，就把势津子妃和喜久子妃叫到身边，向她们提起此事，皇后明显感到不安。

良子皇后在明仁皇太子与正田美智子的婚姻问题上是一百个

不情愿，她是明仁皇太子的母亲，从自己这里让皇族血脉失去正统性，在她的心里觉得这是一种罪过。而且她出嫁时也曾一波三折，深知宫中选妃的复杂性。

由于裕仁亲王（昭和天皇）在大正元年（1912）就被立为皇太子，不久，宫中就把久迩宫邦彦王的女儿，也就是良子内定为候选妃，并由宫内大臣波多野敬直去打招呼。

但良子的哥哥朝融王在学习院体检时，被查出色盲，这件事当即通过医生传给了元老山县有朋，山县有朋表现过激，使当时的首相原敬在没有充分的医学判断之前，就和元老们奔走于解除婚约等事，一时引起社会混乱，这就是所谓"宫中某重大事件"。当时山县有朋是长州藩的元老，而良子的父亲是萨摩藩的元老，很明显，这是两藩在争夺话语权。

后来，裕仁皇太子说："良子之外的人让我为难。"最终，他本人的意愿得到尊重，宫内大臣再次确认良子内定为东宫妃后，事态才缓和下来。1921 年 2 月，宫内省发表了"婚约无变更"书，1922 年 6 月，大正天皇敕许裕仁皇太子与良子结婚。

可想而知，选定皇太子妃是牵涉日本的国体和政体的一件大事。最终，还是昭和天皇经过一个多月的考虑，表明了自己的态度："只要皇太子喜欢，平民出身也无妨。"

昭和天皇之所以能说动宫中保守顽固的人，是因为他在皇室会议上说："从皇家历史来看，这一千多年来，通婚范围太窄了，从遗传学角度来看很不好，我从优生学的角度来考虑，赞成给皇室注入新鲜血液，明仁皇太子的婚事是按照我的意志决定的，希望你们支持我。"

由于昭和天皇表了态，良子皇后也只能服从，当然，宫中的反对意见也被压了下去。

事实上，昭和天皇的爷爷明治天皇一共生了十五个孩子，死了十个，其中五个儿子，只有嘉仁皇太子（大正天皇）活下来，还身体虚弱，得了伤寒、脑膜炎等重病，几乎不能集中精力上学，更不能理政，另有四个妹妹幸存下来。明治天皇已经开始意识到这是由于近亲结婚引起的，于是，在给儿子嘉仁皇太子选择太子妃的时候，找了远方亲戚九条道孝的第三个女儿九条节子作为皇太子妃，结婚后，生下的第一个儿子就是裕仁亲王（昭和天皇），身体还不错。

当裕仁皇太子娶了远亲良子后，良子妃先后生了七个孩子，前四个都是女孩，第五个才是明仁亲王。

其实，近亲结婚只是一个原因，因为这已不是一天两天的事了，上千年皇室就是这样延续下来的。那么昭和天皇为什么这么"开明"地促成明仁皇太子与正田美智子的婚姻？还有另外两个原因，其一，受到他父亲大正天皇民主主义思想的影响；其二，观当时世界形势，审时度势。

昭和天皇的父亲大正天皇生来病弱，但结婚后身体得到恢复，一改之前两百多年来皇太子妃（皇后）都生不了皇子的历史，竟然与皇太子妃（皇后）生出了四个健康的皇子，即裕仁亲王（昭和天皇）、雍仁亲王（秩父宫）、宣仁亲王（高松宫）和崇仁亲王（三笠宫，即位天皇后诞生的）。

大正天皇虽然天生病弱，却富有人情味，非常随和。在皇太子时期，他到全国各地（除了冲绳以外）巡幸，都平易近人地与人们打招呼。到京都帝大附属医院时，与患者交谈，令患者们热泪盈眶；与福冈县知事见面时，还将自己带的烟递给他吸……

但好景不长，1912年，嘉仁皇太子即位天皇后，由于压力太大，繁忙的国务活动令他的健康状况恶化，出现行走困难、双手发抖等症状，还并发了脑膜炎后遗症，基本上不能理政。在帝国议会开幕式上，他读完诏书后，竟然将诏书卷起来当望远镜观看议会会场。

大正天皇虽然在位时间短，但大正时代却出现了短暂的"大正民主"时期。大正天皇即位后的第三年，第一次世界大战爆发，一些甘愿冒险的外国商人来日本投资，日本呈现出一派繁华景象，加上日本在明治时代接受了西方文化与思想，使大正前期出现前所未有的盛世，在政治、经济、文化各方面，民主自由的气息浓厚，如普选、言论集会结社自由、争取男女平等、获取自由教育、争取大学自治权等。

由于大正天皇基本上不能理政，宫中预想裕仁皇太子会很早继位。为了提早准备，让裕仁皇太子于1921年开始了欧洲之旅。他到了英国，向英国国王乔治五世学习君主立宪的模式，同时了解到英国是没有后宫的一夫一妻制，乔治五世也没有绯闻，裕仁皇太子认为这应该是日本皇室的楷模。

裕仁皇太子访欧时，最先只锁定英国，后通过天主教徒山本信次郎海军大佐的推荐，又去了罗马大教堂。尽管当时日本与梵蒂冈没有建交，罗马教皇本笃十五世还是与裕仁皇太子见了面。

本笃十五世对裕仁皇太子说："天主教理不容许改变已确立的国体、政体，教徒有国家观念。天主教致力于维护世界和平与秩序，是与过激思想做斗争的最有力团体，将来日本帝国与天主教会应该携手共进。"

裕仁皇太子听到天主教不会改变日本国体（天皇制），这让本来从小接受过基督教义的他，对天主教产生了极大的兴趣。这也成为他易于接受平民美智子为儿媳的原因之一，因为正田家信奉天主教。

另外，当时的世界形势也是昭和天皇必须要考虑的。"二战"后，虽然美国保留了日本天皇制，昭和天皇也毫发无损，但世界上君主制面临被革命的危机，保加利亚、伊拉克的王室相继被推翻，许多国王被迫流亡国外，在这种情势下，昭和天皇如果接受了平民美智子入宫，可以向世界展现日本皇室的民主形象，实是一举两得。

正田家殷实富足，美智子又天生丽质，追求者无数，像著名作家三岛由纪夫就是美智子的追求者。1955 年，东京银座的小料理店"井上"老板娘说，看到他俩在二层面对面相亲的场景。

虽然三岛由纪夫才华横溢、英俊潇洒，但性格刚烈，美智子父母以"小女娇生惯养，不能高攀"为由拒绝了。而明仁皇太子对美智子既痴情又体贴，没有架子，最终打动了美智子，虽然父母也担忧美智子进宫后的处境，但还是尊重了女儿的选择。

其实，在美智子出现之前，良子皇后已经为明仁皇太子物色了候选妃，是旧皇族北白川肇子。宫中的人故意将她与明仁皇太子的照片并列放在一起，但明仁皇太子不愿意也是没有办法的事。

北白川肇子的落选，使得旧皇族和华族们非常沮丧，因为这不仅打破了这些贵族女子嫁入皇室之梦，也大大地削弱了他们的话语权。

1958 年 11 月 27 日，根据《皇室典范》规定，日本皇室专门召开了讨论明仁皇太子妃候选人的会议，并正式做出决定：批准正田美智子为皇太子妃。而美智子家只是接到宫内厅打来的一个电话就算订婚了。

同日，在婚约发表记者见面会上，记者问美智子："明仁皇太子的魅力是什么？"美智子答道："他是非常诚实、非常优秀、值得真心信赖和尊敬的人，这些都是我感受到的魅力所在。"当时这句话一下子在日本成了流行语。美智子还说："今后无论何事，都要同殿下商量，生活要过得明朗、自然、愉快。我还要努力加强自身修养，尽可能把自己培养得更好一些。"

平民妃在入宫之前要接受"妃教育"，入江相政侍从长的记录中描写了当时良子皇后的态度：12月19日，"昨天向两陛下汇报美智子的'妃教育'使用吴竹寮时，昭和天皇说可，但皇后说不可，看样子意见还没有达成一致"。美智子的"妃教育"课程繁重，她自己也很紧张，曾一度晕倒。

1959年1月，天皇家向正田家举行"納采の儀"，美智子父母也为美智子准备了与天皇家同等的3000万日元的嫁妆，希望女儿嫁入皇室更体面一点，或许能过得好一些，但皇室生活的严苛还是超出了他们的想象。

毋庸讳言，当时美智子是爱明仁皇太子的，虽然知道在皇宫内没有自由身，但作为民间女子能够嫁入宫中最终成为皇后，在之前也是可望而不可即的。

实际上，皇家看上的民间女子，即使其父母不同意，无论是政府还是宫内厅都会多方劝说甚至提出苛刻条件，毕竟这些女子的家庭都属于日本的上层社会，要保持社会地位及生活质量，最终还是不得不同意。正田家的日清制粉是东京证券交易所的上市公司，且在市场第一部，相当于主板市场，在日本买日清股票的人应该都知道这是一家不会破产的皇家企业。

尽管明仁皇太子与美智子的婚事一波三折，最终还是"有情人终成眷属"。美智子在结婚前一日的 1959 年 4 月 9 日咏了一首和歌："たまきはるいのちの旅に吾を待たす　君にまみえむあすの喜び"，意思是"赌上一生嫁到殿下身边，喜明日与殿下相见"，表达了美智子对进入皇室这个未知世界的精神准备和决心。

1959 年 4 月 10 日清晨 6 点 30 分，美智子从东京品川区东五反田的正田邸出了宅门，用纤细的声音向父母道了珍重。父亲正田英三郎对美智子说："今后跟随陛下（昭和天皇）和殿下（明仁皇太子）的御心生活下去。"母亲富美子按住下眼眶，不让眼泪流出来。

这一天，美智子 24 岁，是第一位从民间进入皇宫的皇太子妃。作为第一位平民妃，她穿上了只有皇室婚礼才能穿的紫色十二单衣的唐衣，梳着高贵雅气的大垂发，这个昭和年间的妃子展现出怀古的平安（时代）画卷，让日本国民从她身上感受到了传统之美。明仁皇太子与美智子妃进入贤所进行"神前结婚式"后，两人结为夫妻。

当日下午，明仁皇太子与美智子妃作为新婚夫妇在正殿的松之间，向昭和天皇及香淳皇后两陛下问安，即"朝见之仪"。

之后，明仁皇太子与美智子妃在全日本国民的瞩目下举行了隆重的结婚大典，他们乘坐的马车从皇宫大门驶出，经过半藏门、四谷、外苑、青山大街，到涩谷区（当时）的东宫仮御所。在 8.8

千米长的街道两旁，有53万人挥动着"日之丸"小旗为他们庆祝。

53万人上街观看庆典，在日本是史无前例的场景，因为日本国民认为平民皇太子妃拉近了皇室与自己的距离，从中已经看到了皇室的"冰山一角"。当明仁皇太子与美智子妃坐在婚车上（马车）向沿途民众招手时，人们竟然激动地高呼"万岁"。

美智子妃身着克里斯汀·迪奥设计的"V"形领白色长袍，材质是京都西阵的龙村美术织物公司生产的上等丝绸，上面镶入了用金线织出的凤凰和龙的纹样，被称作"明晖瑞鸟锦"。她头上戴着由一千多颗钻石点缀的、中央为菊花御纹的白金皇冠，钻石和菊花御纹是香淳皇后送给美智子的。

美智子妃给日本国民的第一印象首先是"清洁的人"（有两个含义：①整个人看上去干净漂亮；②气质高雅又有品位），其次是拥有智慧和美貌的人。由于美智子妃是自有皇室以来迎娶的第一位平民妃，在日本国民中赢得了超高人气。

当天，婚礼全程进行了电视直播，这在日本电视史上也是第一次，电视台的收视率急剧上升，日本电视机的销量也因此大增。此外，还在全日本发行了"皇太子殿下御成婚纪念切手"（纪念邮票），明仁皇太子和美智子妃的巨幅照片装饰在各大百货商店，同时还发售"美智子轮廓画（儿童练习涂色用的）"等，在日本掀起了一股"美智子热"和"皇室热"。

这天，美智子妃的名字也被记入了皇统谱，同时，她被授予女性最高勋章"勋一等宝冠章"，上面镶嵌着一百多颗珍珠。尽管美智子妃得到了按照皇室传统，作为皇太子妃所拥有的一切，但并不代表她在宫中的生活从此一帆风顺。

日本皇族各有自己的徽记，明仁皇太子为了纪念他们相遇在轻井泽，希望用"白桦"作为美智子妃的标志，而婆婆良子皇后却坚持让她用"野菊"，暗讽美智子妃的平民身份。当然，在明仁皇太子的坚持下，还是给美智子妃用了"白桦"。

美智子在等级森严的日本社会，可谓披荆斩棘，开辟了一条艰难之路，打破了日本皇室不能从民间选妃的传统。

虽然美智子妃入宫后屡受磨难，这是她的不幸，但她在日本民主主义的体制下进宫，有一个深爱她且接受过民主主义教育的丈夫，从这一点上讲又是幸运的。

此前，日本天皇也有"三妻四妾"，是昭和天皇在法律上规定了皇室的"一夫一妻制"。在他还未即位，以裕仁皇太子的身份到访英国时，了解到英国王室没有后宫，且国王乔治五世也没有绯闻，从欧洲回来开始摄政后就下定决心，一定要实行"一夫一妻制"，并改革女官制度。由于他的父亲大正天皇很花心，总向宫中女官下手，因此，裕仁皇太子大幅减少女官的数量，还采取上下班制，不让她们住在宫中，女官也不用永久独身。大概明仁皇太子继承了他父亲昭和天皇的基因，他从来没有闹出过绯闻。

而且，虽然良子皇后看美智子妃不顺眼，但昭和天皇对美智子妃还是满意的，美智子妃生下了两个皇子和一个皇女，渐渐在宫中得到了认可。

有着相似又不相同的经历

1944 年，太平洋战争进一步恶化，美军派出 B-29 轰炸机轰炸日本本土，日本文部省提出疏散学童的政策。美智子转到神奈川县藤泽市的乃木高等女子学校附属小学；明仁亲王当时在中学二年级，被疏散到静冈县沼津御用宅邸附近的学习院。

1947 年，美智子在天主教风格的"圣心女子中学"上学，过着有规律的生活，享受着父母的爱和家庭的温暖。1946 年 10 月，昭和天皇通过美国教育专家团，聘请基督教徒伊丽莎白·维宁为明仁亲王的家庭教师。但是明仁亲王刚满两岁时，就按照宫中传统离开了父母，到赤坂离宫内的东宫御所由东宫傅育官抚养。最初，只有每周日被允许到宫中与父母见一面，一个月后，周日可以在皇居里住上一天。

两人都在战争期间被疏散，信奉基督教（在世界范围内，天主教、东正教、新教被统称为基督教，都以"圣经"为经典），相似的经历使得美智子妃愿意跟随明仁皇太子尽心尽力地执行公务和参与祭祀活动、关心弱者、体恤民生、追悼战争死难者、祈祷国泰民安、世界和平；而在家庭上的不同经历，让美智子妃更加精心照顾明仁皇太子，给他一个温暖的家。但做到这些，则非易事，美智子妃时常需要与宫中做斗争。

当然，美智子妃能与宫中做斗争，背后是得到明仁皇太子的支持的。因此，在讲述美智子妃的"宫中革命"之前，有必要了解一下明仁皇太子的成长历程。

1933年12月23日清晨6时39分，明仁亲王在皇居内的御产殿诞生，是昭和天皇和良子皇后的第五个孩子。

良子皇后连生四个女孩，再生不出男孩，就要由昭和天皇的弟弟继承皇位了，特别是右翼叫嚣要昭和天皇休了皇后。焦急中，昭和天皇得到贞明皇太后许可，进入大正天皇御灵殿，向生了四个儿子的父亲祈祷，赐生一个儿子。精诚所至，良子皇后终于生下了一个男孩，号为"满宫"，名为"明仁"。

当时，日本举国欢庆，甚至出现了由北原白秋作词、中山晋平作曲的奉祝歌《皇太子出生了》。

按宫中惯例，皇子出生后不久就要被送到别人家寄养。但昭和天皇与良子皇后一直尝试改变宫中惯例，自1925年12月6日，良子妃（当时）生下第一皇女成子内亲王后，就尽量自己喂母乳，也没有立即将她送去寄养。日本报纸专门报道："母宫的奶水特别充足。"这是媒体第一次将皇后塑造成一个有血有肉的母亲形象。

明仁亲王出生后，昭和天皇想到自己曾经的生长环境，在明仁亲王身边增加了男性近亲的往来，除了自己，还让三个弟弟常常过来。在明仁亲王身边的女性，除了祖母贞明皇太后及母亲良子以外，就是母亲身边已经数量减少了的女官，而明仁亲王的姑姑、婶婶都没有来过。

原来，昭和天皇的父亲大正天皇生来病弱，昭和天皇的爷爷明治天皇对他格外关心，于是，皇室中的女性长辈们也对他格外宠爱，如母亲贞明皇后、祖母昭宪皇太后（没有血缘关系）、亲祖母柳原爱子、亲曾祖母中山庆子，还有四个姑姑。再加上他身边的保姆、乳母、护士和养育员等，裕仁亲王（昭和天皇）小时候接触的几乎都是女性。

所以，昭和天皇有点女性化，声音高细，溜肩，还有点水蛇腰，日本政府一直没有让普通国民听到他的声音。1945年，昭和天皇在广播中向国民"玉音放送"宣布日本战败时，日本国民听到那么细声细气的声音都大吃一惊。

但明仁亲王刚满两岁时，还是按照宫中惯例离开了父母。后来，明仁亲王在学习院上小学和中学，中学二年级时，被疏散到原大正天皇的休养地——栃木县日光（地名）的田母泽御用宅邸。

他每天在那里祈祷"战争胜利"，不久粮食匮乏，皇族也得自己种植作物，缺吃少穿的苦日子使他慢慢体会到了自己所处的地位，即使是未来的天皇，在战争中也自身难保。这大概就是他成为天皇后，一直强调不要战争，祈祷世界和平的原因吧。

明仁亲王没有军队履历，这有赖于他的父亲昭和天皇对他的保护。1943年，明仁亲王只有10岁，宫中却为他举行了"元服式"（元是头，服是冠，即在皇家和皇族中举行的成人"加冠"礼。在日本古代，男子的"加冠"礼多在11—17岁之间）。因是在战争期间，首相和东条英机多次要求他穿上军服，而昭和天皇坚决拒绝，并说："现在的大东亚战争终归是'我的战争'，在我这代收场，不想让儿子来负这个责任。"

另外，根据皇族身位令的规定，皇太子（亲王）在满 10 岁后要在陆海军中担任少尉军官，明仁亲王被要求加入近卫师团，但昭和天皇不理会军部的要求，没有让他去任职，因此，明仁亲王没有军队履历。可见，日本评论家说，军部专横跋扈，不听昭和天皇不愿意军事扩张的意见，也不是无中生有。

明仁亲王不到 12 岁时日本战败，他在栃木县日光听到了父亲昭和天皇通过广播发表的《终战诏书》后，立即给父亲写信，汇报自己对日本战败的感想以及自己在日光努力学习的情况。昭和天皇给他的回信中写道："我国人过于相信皇国，而污辱了英美；我军人过于注重精神，而忘记了科学……"

"二战"后，以美国为首的联合国最高司令部（GHQ）占领日本（其实是美国独家占领），对日本进行民主主义改造，教育改革是其中一环，其方法就是再编学制。

之前日本的教育体制复杂，分为寻常小学校、高等小学校、四年制和二年制中学、专门学校等。最高司令部认为，日本学制难以培养出优秀人才，于是，最高司令官麦克阿瑟从美国招来教育使节团，按照美国的学制加以改变，即现在的小学六年、中学三年、高中三年、大学四年。

昭和天皇在接见美国教育专家团时说："我想在皇太子的教育过程中请一位美国教育者，希望能推荐一位合适的人选，教他英语以及美国的宗教、民主主义等各种知识。"

美国教育专家团回到美国后，通过报纸等各种途径，招募适合日本皇太子教育的人，最终选出基督教教派——贵格派教徒伊丽莎白·维宁（下略称维宁）作为皇太子的家庭教师。

贵格派是 17 世纪在英格兰兴起的宗教教团，以"朴素""平等""和平主义"为宗旨，以通过"非军事"手段解决国际摩擦及误解为信念。维宁的先祖就是从英国移居到美国的贵格派教徒，她自己也在做面向信徒写报告书或论文的工作，同时，也是著名的儿童文学作家。

维宁既给皇太子（亲王）单独授课，也在学习院上课。单独授课时，她提供给明仁亲王的教科书中，既有关于废除黑人奴隶制的第 16 任美国总统亚伯拉罕·林肯、美国首任总统乔治·华盛顿、印度民族解放运动的领导人圣雄甘地等人的内容，也有《到户外去》《到海边去》等鼓励他去看世界的书。

这里有一个趣闻。维宁给班上每个同学起英文名字，当对明仁亲王说"在这个班上，你的名字叫'Jimmy'"时，明仁亲王立即反驳说："不，我是皇太子。"维宁又说："是的，你是明仁亲王，但在这个班上你的名字是'Jimmy'。"明仁亲王最后微笑着接受了。

由于维宁老师给学生起英文名，引起了日本学生家长的愤怒，当时能在学习院学习的孩子都来自旧贵族、旧华族家庭，家长们说："给日本人的孩子起英文名，是想在孩子幼小心灵上根植美国统治日本的观念，像奴隶一样吗？"维宁赶紧解释说："不是这样的，我在课堂上要做的是让他们有国际性思维，只是一种尝试。"

维宁老师曾向昭和天皇建议："父子住在一起不是更好吗？皇太子可以近距离地关注天皇。"而昭和天皇回答说："自己没能阻止战争，没有资格培养自己的继任者。"

1952 年 11 月，明仁亲王被正式立为皇太子。1953 年 3 月 30 日至 10 月 12 日，近 20 岁的明仁皇太子有大半年的时间，在海外游览和访问，去了欧洲 12 个国家，访问了美国和加拿大；同年 6 月 2 日，作为父亲昭和天皇的代表，参加了英国女王伊丽莎白二世的戴冠仪式，受到了与天皇同等级的待遇。

但是，半年外游的结果，使得明仁亲王因成绩不及格不能升级，而学习院并没有因为他是皇太子而特殊照顾。为了避开与学友们的学年差异，明仁亲王作为旁听生继续学习，原则上也不能参加俱乐部活动，最后学历为"学习院大学教育结业"。

不过，明仁天皇作为鱼类学者在业界享有盛誉，他在虾虎鱼研究方面是世界权威。明仁天皇研究虾虎鱼的分类，在国内外的期刊杂志上发表了 28 篇论文，是英国、澳大利亚等国相关协会的名誉会员。

日本民族学者梅棹忠夫在 1971 年与朋友会餐时说：之前去为皇太子殿下进讲（为帝王讲解诗书文史等）。皇太子殿下对植物学的造诣很深，东京大学、京都大学的教授都很赞叹。不知作为帝王（天皇）怎样，但作为学者是一流的。

有日本评论家说：从资料上看，明仁天皇的性格不适宜做日本君主，但他判断事物不轻率，通过沉思慢慢得出结论，即使没有瞬间发力的能力，却可稳重地发挥判断力。现在看来这是天皇的美德，具有沉着冷静、"一旦决定就不改变"的坚忍不拔的精神。

明仁皇太子对美智子的追求以及婚后对美智子的支持，及至提出"生前退位"，都体现了他的"一旦决定就不改变"的性格。

明仁皇太子通过自由恋爱找来平民女子做太子妃，本身就是对皇室的一个革命性改变。

从明仁皇太子与美智子妃结婚庆典的那一天起，真正的"宫民斗"就开始了。

1959 年 4 月 10 日，明仁皇太子与美智子妃的盛大婚车游行引来 53 万民众围观，但有一个细节引起了良子皇后的注意，他们乘坐的马车前有六匹马牵引着，而裕仁皇太子（昭和天皇）与良子妃举行婚车游行时，乘坐的马车前只有四匹马，于是，良子皇后和皇族妇女们向昭和天皇提出抗议。当时，还出现一个暴徒袭击马车，后被刑事拘留的事件。

与日本民众的盛大祝福形成对照，美智子妃回到宫中即刻就像进入了冰窟窿，除了明仁皇太子依然对她体贴外，谁都看她不顺眼。平民美智子妃在旧皇族、旧华族的心中是万万不能接受的，在他们心里，天皇祭祀的是天照大神，而平民美智子妃的介入，让皇室血统不再纯正，"万世一系"的神话或许也会破灭，是给帝国"蒙羞"。说到底，平民美智子妃面对的是一个贵族集团。

但美智子妃就是有一股不服输、坚持自己主张的劲头，结婚后，在建造新东宫御所时，她提出："想为殿下亲自做饭，希望有一个小厨房……"结果，刚一提出就在宫中引发了一场地震，美智子妃被拘泥于宫中旧习的人围剿，责难声不绝于耳：

"妃殿下居然要进厨房？"

"真不知身份，到底是平民出身啊！"

"早就说过，这个女人根本没有做皇太子妃的资格！"

……

在此之前，天皇家用餐都是由宫内厅管理部大膳课被称为"厨司"的人负责。为天皇和皇后做膳食的是第一至第四部门，50人左右，各部门职责分别为：1.和食；2.西餐；3.和点心；4.面包、西点。

平日，天皇家的菜谱与日本一般家族没有太大差别，但厨司还要应付晚宴及各种派对。晚宴时，会有200至300人出席，立食派对（站着吃饭）时，会有2000人出席，他们都要一一准备好食物。

负责东宫御所，即为皇太子一家做膳食的是第五部门，同样，也要为举办派对准备食物。

这时，明仁皇太子站出来支持美智子妃的请求了，经过他们不懈努力，设计图中加上了从未有过的"妃殿下厨房"。虽然美智子妃面对宫中之人"如坐针毡"，但还是亲自到建设现场，为爱而战，彻底将"家庭"概念引入皇室。当然，美智子妃只是时常在厨司准备的晚餐基础上，加上一道自己做的菜。

明仁皇太子喜欢吃咖喱鸡，美智子妃专门请"关东俱乐部"料理长指导，并给料理长写信说："料理总没想象的做得那么好，但东宫一夸我，我一高兴，不知不觉又站到厨房里了。"生了孩子以后，厨房又成了与孩子们连接情感的地方，德仁亲王上幼儿园时，美智子妃亲手给他做便当，还给他的学友妈妈打电话请教"炸馄饨"怎么做。

美智子妃之所以坚持建一个厨房，是要给明仁皇太子一个温暖的家。前面提到，美智子是在父母的爱中成长起来的，而明仁皇太子两岁后就被迫离开父母，在不知"家庭"滋味的状况中长大成人。

美智子妃曾深虑明仁皇太子的孤独心境，她给友人写信说："听到东宫在没有家庭温暖中成长的一番话，我感到他想要一个家庭。不只在我听他对我讲时，我独自一人回想起他说的话时，也会忍不住流下眼泪。他说'在有家庭之前绝对不能死'，在我之前的所见所闻，甚至是读过的小说里都没有这么寂寞的语言。我已下定决心，为25年勇敢走过来的东宫尽我所有微薄之力，建立一个温暖的家。"

这个小小的厨房，是由渗透着泪水的真情完成的，美智子妃在四面楚歌中，突破旧的壁垒，为宫中改革打上了一个楔子。

以往的皇太子妃均来自"皇亲贵胄"，中规中矩，作为皇太子的陪衬，很少抛头露面；但美智子妃是以平民身份嫁入皇宫，即使她学习了宫中的规矩，头脑中也没有那么多条条框框，且她天生丽质，因此受到日本国民的热烈欢迎，在日本掀起了一股"美智子热",无疑拉升了皇室的人气,同时也把"深宫大院"掩着的大门向民众打开了。

美智子妃到哪里都有压倒性的人气,比如:与皇太子坐在汽车上,美智子妃坐的左侧会拥来大批欢迎者,以中年女性居多,明仁皇太子一侧却寥寥无几。

那时,美智子妃的穿着打扮也成为日本女性追求的时尚,她本来就是大家闺秀,引领新潮自不必说,成为皇太子妃更讲究不同时间、场合的不同搭配。她不拘泥于皇室着装标准,"日清制粉公司的千金用貂皮长围脖搭配发卡"等引发日本女性争相效仿,当然,这也是日本同一性的具体表现。

《女性自身》杂志报道皇室新闻的记者近重幸哉在《因美智子妃成长起来的〈女性自身〉的丑闻报道成为思考契机》一文中写道:由于创刊号只登了数行有关美智子的内容,杂志卖得没有编辑部想象得那么好。当时黑崎勇总编马上加大了因与天皇陛下(当时的明仁皇太子)订婚而人气暴涨的美智子的报道,《女性自身》的销量呈爆发式增长。那时先后出现了《周刊明星》《家庭画报》《周刊春秋》等周刊杂志,刊登美智子相关内容,有的由月刊变为周刊。

本来良子皇后就看不上美智子妃,一个平民妃子这样抢风头,特别是不按皇家标准着装,心里不舒服是必然的。她通过宫内厅选派了贵族出身的牧野纯子作为美智子妃的首席女官,并私下告诉牧野纯子,对这个平民太子妃不必客气,一定要严格地训练她。

牧野纯子是"常磐会"主席、宫中实力派之一、贵妇松平信子的亲戚,牧野纯子有了皇后和松平信子在背后撑腰,便对美智子妃十分傲慢，一开口就对她说："我是贵族成员，可不是给什么平民太子妃当随从的！"

不过，美智子妃运气很好，第二年2月就生下了皇子德仁亲王。但当她出院在车中抱着刚出生不久的德仁亲王时，看到众多记者，就摇下车窗让记者拍照，结果又"惹祸"了。当时是2月末，宫中保守派纷纷指责说："妃殿下在人前抱着新皇子太不像话！""到底是平民出身啊，如此轻率，打开车窗，要是未来的天皇受寒了怎么办？"好在昭和天皇和良子皇后看到皇孙很高兴，对美智子说："辛苦了，好好静养。"

在生育抚育孩子问题上，美智子妃又来了一场"宫中革命"。她一改皇室惯例，在宫内厅医院生下了德仁亲王后，又选择自己喂母乳、自己抚养，而不是像以前，在宫中御产殿生孩子、由乳母喂养及按《乳母制》的规定，皇子两岁后必须离开父母，交给傅育官培养和照顾。

尽管美智子妃受到强大的宫中势力的排挤打压，但就是有股倔劲，对德仁亲王坚决不撒手，一定要放在自己身边抚养。明仁皇太子还亲自怀抱德仁亲王，这样温馨的家庭画面，在皇家历史上也是头一回。

美智子妃只要有时间就陪小皇子玩，为了照顾孩子方便，还将帽子改为轻轻地盖在眉毛上的"盘子帽"，也避免了戴大帽子而与民众产生距离感。

美智子妃曾对黑木东宫侍从说："无论何时，最优先考虑对皇太子的义务，我的事其次。"1960年9月22日至10月7日，美智子妃需要陪同明仁皇太子赴美参加日美修好条约100周年纪念活动，但德仁亲王刚刚出生 7 个月，她内心十分牵挂，认为"不能因人而异乱了教养"，便将写有教育方针的笔记本、通称"ナルちゃん憲法"（德宝宝宪法）交给侍从和护理师，委托他们按照上面的教育方针来做。

之后，"ナルちゃん憲法"非常有名，里面主张不要宠溺孩子，几乎成了日本妈妈的育儿宝典。

明仁皇太子也深爱着美智子妃，他将订婚前自己给美智子拍摄的照片摆放在书斋的书桌上（直到天皇时代），这对宫中来说，甚至对日本社会来说都是一个"革命"。

我曾在日本看到一个社会调查，大多数欧美男性在单位办公桌上放自己妻子或孩子的照片，而日本男性几乎没有，即使有，也只是孩子的照片。当问他们为什么不摆上妻子照片时，回答是"不好意思"！日本男人以公司为家，自己是大男人，认为妻子不能上台面。

而明仁皇太子在日本最保守的宫中将妻子的照片放在书桌上，给宫中带来了一次思想上的"革命"，从另一侧面也可以说，明仁皇太子非常认可美智子妃。

美智子妃还打破了以往皇太子妃大多单独执行公务的惯例，除了疾病、生孩子等个别情况外，她都陪同明仁皇太子到日本全国各地访问，也出访海外。

上面提到的美智子妃陪同明仁皇太子赴美，她所到之处，以其端庄优雅的举止及流利的英语，给美国人留下了美好的印象。美国《时代周刊》曾两度在封面刊登她的肖像，有美国媒体称她为"昔日磨坊女，今日太子妃"。当时，在全世界刮起一阵"美智子旋风"。他们此行也为 1975 年裕仁天皇与良子皇后访问美国打下了良好基础。

美智子妃曾陪同明仁皇太子（直至天皇皇后时代）出访了 43 次，到访 81 个国家。

应该说美智子妃很有自己的主见，一介平民能掀起"宫中革命"，不只需要勇气，还需要超凡的智慧。

1994 年 10 月 20 日，美智子皇后 60 岁生日那天，她以文书形式回答了记者关于"宫中革命"的提问："直至今日我都认为，皇室也要与时代共存，无论哪个时代，在继承传统的同时，都在逐渐发生着变化，衡量这个变化的尺度，与继承王位之人有关，也一定与配偶或家庭成员有关。各时代的天皇都希望传统与时代息息相关、共生共存，他们为此费尽心血。无论哪个时代，一定会产生新的风气，这个新风气都会有领先时代的东西。"

尽管美智子妃为皇室生皇子立了大功，但旧皇族和旧华族就是看美智子妃不顺眼，美智子妃在宫中处处受到管制，女官对她的撒手锏就是"不懂礼数"。民间还讲"入乡随俗"，入宫就得懂宫中的规矩，在这点上美智子妃是有口难辩。比如：举手的高低，与皇太子一起行走时保持三步距离，记者见面会上讲话时间是皇太子的一半，等等，这些硬性规定还可以抓紧适应，但能熟谙贵族礼仪却非一日之功。

只要美智子妃在公共场合多和丈夫说几句话，便会遭到宫中贵妇嘲讽为目中无人，爱管闲事。陪同婆婆出席活动，美智子妃因为多讲了一些，便被宫中人斥责：在皇后面前，你少装内行。作为皇太子妃在皇家史上首次穿上西装、西裤或戴上披肩，宫中女官就说她俗不可耐。

原本美智子刚嫁入宫中时有一张圆润的脸庞，日本民众给她一个爱称："お月さん"（月亮），可不久之后，出现在公众视线里的美智子妃渐渐消瘦。

当时宫中强烈反对明仁皇太子娶平民妃，表面上看是要维护皇族血统的正统性，实际上是怕失去话语权，还有根深蒂固的等级观念在作祟。

美智子的祖父以商起家，而日本是等级社会，特别是在江户时代，确立了士农工商的身份制度，商人为最底层。随着货币经济的发展，商人需要学会写字、读书，才能更好地发展，由此带动了日本教育的普及，也带来自由和平等的契机。

1867 年，日本明治维新政府成立，学习西方建立近代化国家，废除了士农工商的身份制度，将他们改编为华族、士族和平民。

"二战"后，日本为战败国，驻日盟军司令麦克阿瑟又将除了天皇的直系亲人外的旧皇族贬为平民，全国上下以经济发展为中心，甚至首相也成为"推销员"，日本经济几乎要达到世界顶峰，商人的社会地位也越来越高。

但这些并不代表日本旧皇族们可以随之改变观念。尽管正田家不只是商人甚至已可称为名门望族，而旧皇族也被贬为了平民，可在他们的意识里，名门望族与贵族永远不能画上等号。

如果说贵族与名门望族有什么区别，简单来说，贵族的传承靠的是血统，换句话说，爷爷是贵族，孙子哪怕是智障，或穷得叮当响，他还是贵族，宁可死要面子活受罪，也要有自己的尊严；名门望族的标准是财富、地位和文化水准，但永远不是贵族，除非家中的女儿嫁给了贵族。

在宫中，除了明仁皇太子对美智子妃体贴入微外，昭和天皇的次子、明仁皇太子的弟弟常陆宫正仁亲王也常保护美智子妃，两人成了交谈的伙伴。

在《读〈昭和天皇实录〉》中写道：1963 年，正仁亲王接受皇太子妃（美智子）的圣经讲义，对基督教产生了兴趣，听到这话的天皇（昭和天皇）叱责美智子妃说，在皇室不要讲基督教的话题。这就是所谓的"圣经事件"。

当时外界疯传，昭和天皇怒气冲冲地把美智子妃叫到跟前，对她说："你为什么要在皇宫中讲基督教，我们这里信的是神道。"美智子妃看到昭和天皇怒不可遏，被迫当众向天皇下跪道歉。

但昭和天皇的入江相政侍从长却在日记中写道：天皇（昭和）高度评价皇太子妃，本来天皇就不否定天主教进入宫中。他认为在占领期神道不具有宗教的资格，对于自身还接受圣经教义的天皇来说，更喜欢通过天主教家庭成长起来的皇太子妃带来正宗的宗教，这种可能性是很大的。

侍从长讲的或许是真的，但也有可能是为了保护昭和天皇，本来日本民众就认为美智子妃受到宫中欺压，这种事件如果传到民间，昭和天皇的民主形象也会受损。而且，昭和天皇也否定说："不只不是事实，心中也从没有这样想过。"

其实昭和天皇对美智子妃是满意的，但皇室确实是以神道教立本的，在宫中传播基督教属于"大逆不道"，昭和天皇也不得不对美智子妃采取严厉的态度。

1945 年 12 月 15 日，GHQ（驻日联合国军最高司令部）为了防止日本军国主义复活，向日本政府下达了"废止政府对国家神道、神社神道的保障、支援、保护、监督以及发布"的指令，被称为"神道指令"。

战前，神社由国家统一管理，神职是官吏，以伊势神宫为首的神社约有 11 万家。"神道指令"发布后，神职不再是官吏，加上"农地改革"，地主将农地收回，许多小神社无法维持下去，只有都市的神社没有受到冲击，但也要从"官社"变为由"民间宗教法人"神社本厅来管理，实行"政教分离"。

因此，只有皇室才能真正保留自古以来日本本土的宗教——神道教，神社本厅位于东京都涩谷区代代木的明治神宫（祭祀明治天皇）的旁边，神社本厅的法人是昭和天皇的第四皇女，也是明仁上皇的姐姐池田厚子。现祭祀皇祖神天照大神的伊势神宫的祭主为明仁上皇和美智子上皇后的女儿、当今天皇德仁的妹妹黑田清子。

"圣经事件"之后，宫中人看到美智子妃连昭和天皇都得罪了，更加对她横眉冷对，这种氛围在宫中蔓延开来，她被要求搬出东宫到离宫居住，孤立的美智子妃彻底被击垮了，据说，她的"失语症"就是这时患上的。

美智子妃在离宫每天孤独度日，常常一人静静地坐在房间里看着天色渐暗，也不开灯，始终沉默不语。她唯一做的是听少女时代常听的歌曲，经常泪如雨下，好在明仁皇太子每天给她打电话安慰她那颗受伤的心。不久，美智子妃被允许回宫，并且很快怀孕了。

1963 年前后，以周刊为首，违反报道协定的报道频发。1963 年 3 月 4 日，媒体未经允许报道了美智子妃怀上第二胎后，各媒体开始对她加大关注力度，给美智子妃造成很大的精神压力。3 月 10 日，美智子妃缺席了祝贺香淳皇后六十大寿的庆典；3 月 11

日，宫内厅向平凡出版社提出，停止《平凡》杂志连载小山系子写的有关美智子妃身世的《美智子殿下》，以及发行的单行本。

同年 3 月 22 日，美智子妃紧急入住宫内厅医院，被诊断出胎儿畸形，第二天下午，医生给美智子妃做了流产手术。她的流产引起日本社会的极大关注，于是，各媒体又将她身体不佳问题与周刊报道或小说联系起来，民众开始攻击《平凡》杂志和作家小山系子，而作家小山说："胎儿畸形不是因为精神疲劳引起的，小说的内容来自东宫御所的消息。"言外之意，她所写的内容来自美智子妃身边的人，暗示宫中关系很复杂。

美智子妃的流产不仅没有得到宫中贵妇们的安慰，反而遭到她们的斥责："皇太子妃竟然流产，这也太不负责任了！"美智子妃身心疲惫，不能很好地恢复身体，到了 4 月，一人到叶山别墅静养了三个月；7 月 8 日，又带着两岁的德仁亲王到轻井泽休养；9 月 1 日，回到东京；而 9 月 13 日，美智子妃就开始执行公务，观看了第 18 次国民体育大会，之后，分阶段地回归了公务。

1965 年 11 月 30 日，美智子妃生下第二个皇子礼宫文仁亲王；1969 年 4 月 18 日，生下皇女纪宫清子内亲王，女儿给了她很大的心理安慰，渐渐地宫中风波也平息了。

然而，仿佛平静的水面，却暗藏波澜。1975 年 9 月 30 日，昭和天皇与良子皇后首次访美，明仁皇太子和美智子妃，以及皇族都到羽田机场送行，电视直播了良子皇后走上飞机前与每个人寒暄告别，但到了美智子妃这里，突然把脸一扭，与明仁皇太子亲热地说了几句话后，就走上了舷梯。本来日本国民就听说良子皇后及女官"欺负美智子"，这次在电视上看到这个镜头后，知道平民出身的美智子妃在宫中的日子确实不好过。

不过，美智子妃还是给宫中注入了一笔"无形资产"，就是"人情味"，在作为皇太子妃的最后阶段，她还是得到了周围人的认可。据说，美智子妃在公众面前陪同明仁皇太子时，温柔贤淑，在皇居内休闲时，也非常开朗，爱说笑。

明仁皇太子与美智子妃经常带着孩子们出去玩儿，一家五口其乐融融。日本国民也认为皇太子一家与自己有了共同点，拉近了与皇室的距离。

当然，这种"家庭主义"也遭到某些人的批判，认为他们带孩子的私人家族旅行，与执行公务没有区别，是公私不分。比如：1964 年 3 月 22 日到 24 日，他们带着 4 岁的德仁亲王去千叶县南房总的家庭旅行，只在馆山市内就受到 10 多万人挥着国旗欢迎他们。

明仁皇太子的学友藤岛泰辅说：我不希望日本皇室以家庭的形式出现在国民面前，这样持续下去，对坚信天皇制在日本是绝对有必要的我们来说，感觉心里没底了。

但美智子妃毫不退缩，明仁天皇的学友明石元绍说："昭和天皇晚年发病初期，在只有身边人祝贺他生日宴的那天，昭和天皇呕吐不止，因事发突然，在场的皇族及职员们都不知所措，木然地站在那里，只有美智子妃跑过去护理。在昭和时代，接触天皇玉体是大忌，但美智子妃勇敢冲上前去的举动，竟然没有传来任何批判的声音。"可见宫中的人们多么僵化，同时也表明他们多么渴望人性。

在昭和天皇晚年的写真中，媳妇美智子妃搀着腰不好的婆婆良子皇后的数张照片被多次发表。同时媒体报道，最初坚决反对美智子入宫的秩父宫妃势津子，后来也友好地与美智子妃在一起观看马拉松，高松宫妃喜久子对美智子妃的二儿子文仁亲王和女儿清子内亲王，像对待自己的孙子一样宠爱。

　　1984 年，明仁皇太子与美智子妃迎来 25 周年银婚，在记者见面会上，记者问他们："作为夫妇互相给对方打多少分？"明仁皇太子说："打不了分，给个努力奖。"美智子妃听后说："如果我给陛下的话，也不是分数，是感谢状。"记者们不由得发出感叹的声音。

成为皇后又「失语」

　　1989 年 1 月 7 日，昭和天皇驾崩。1990 年 10 月到 12 月，举行明仁天皇登基大典，改年号"平成"，"大尝祭"之后，他成为名正言顺的日本第 125 代天皇，而美智子妃成为日本史上第一位平民出身的皇后。

　　2000 年 6 月 16 日，良子皇太后逝世，旧贵族们失去了最后的靠山，明仁天皇下令调换全部随从人员，美智子皇后才最终熬出了头。

　　进入平成年后，日本发生经济危机，之后是"失去的 20 年"，阪神大地震、"3·11"东日本大地震、地铁沙林事件、福岛核电站事故等频发，天灾人祸接连不断。而每到日本的重大活动、灾害或紧急事件发生时，都能在电视上看到明仁天皇与美智子皇后的身影。

　　"二战"后，日本天皇出现"皇后化"现象。战前天皇主要去象征军事化的区域，而皇后去女子学校、养蚕业设施或医院等，将目光投向弱者。而战后日本没有了军事设施，昭和天皇偶尔便与良子皇后去慰问同一地方，到了平成时代，明仁天皇与美智子皇后彻底相伴相随了，他们也比以往更加努力地执行公务。

明仁天皇即位后，与美智子皇后第一次赴灾区是 1991 年 3 月到长崎县的云仙普贤岳火山喷发地慰问。

这次火山突然爆发，44 人遇难，2500 多栋房子被烧毁，且随时可能再次喷发，而明仁天皇和美智子皇后在火山爆发后希望立即到灾区慰问，这在皇室历史上没有先例。人们都担心会发生危险，海部俊树内阁（当时首相）更是担心天皇、皇后万一遇到灾难怎么办，甚至有人出来强烈反对说："天皇没有必要去那种地方。"

但明仁天皇和美智子皇后坚持减少陪同人员，带着最少的人员赶赴灾区。他们到达灾区后，与受灾民众一同吃咖喱饭，在人们避难的体育馆及临时设施里，跪下来与受灾者平视着交谈。就是这一跪，让灾民们感动得热泪盈眶，日本国民更是感到，只要有天皇在，他们就不会被忘记。

美智子皇后离开灾区前，因疲劳而面容憔悴，但在上车之前仍然面带微笑与受灾者告别。这之后，日本发生重大灾难时，都能看到明仁天皇和美智子皇后的身影。

那时我正在日本，从记者们的敬业程度可以窥见当时的危险和困境。火山第一次喷发后，随时有再次爆发的危险，当地政府再三提示人们不要接近那里，但朝日新闻电视台的三名年轻记者为了能拍到第一现场，仍然向火山逼近，结果，火山再次爆发，三个年轻生命消失了。

当时，一位年轻漂亮的女主持人，连续一个月做现场报道，面容变得越来越憔悴，她说自己几乎喘不过气来了，但还是在坚持。我去过北海道的"登别地狱谷"，那里保留着火山爆发的样子，不断冒着的烟雾散发着很浓的硫黄味，待一会儿就会头疼，可见，在火山爆发的当下，是多么的受煎熬。明仁天皇和美智子皇后能第一时间赶赴现场慰问受灾者，确实很了不起。

美智子皇后的境遇比当妃子时好很多，但最初还是不能随心所欲，因为良子皇太后还健在，宫内厅依然墨守成规，社会舆论也不可忽视，她长久以来积累的精神压力，一旦受到某种打击，就会出现"失语症"，这也与她小学老师说的美智子性格敏感有关。

日本右翼总搞天皇权威化运动，由于美智子皇后在日本民众中的人气太高，似乎压住了明仁天皇的权威性，而宫内也传出谣言，说美智子皇后在背后操纵天皇，无论是执行公务，还是派对计划，都是皇后说了算。

1993 年 8 月，《宝岛 30》刊登了《皇室危机——来自"菊帘"内幕的证言》的文章，对"宫内厅职员大内纠"所言进行报道，这个自称大内的人将明仁天皇夫妇与昭和天皇夫妇相比较，批判他们说"过着奢华且西式的生活，与神道教相比更亲近基督教，不适合作为民意所归的皇室主人"。以此为契机，《周刊文春》等也开始报道攻击美智子皇后的内容，称美智子皇后是宫中最高权力者等。

同年 10 月 20 日，美智子皇后在 59 岁生日之前，以文书形式回答了记者的提问："您对最近激烈批判皇室的报道怎么看？"她写道："无论怎样批判，我都自我反省倾听，此前是我考虑不周，如果我的话伤了人，请原谅！但是，没有事实根据的报道，让我感到悲伤和迷惑。不希望我们所处的社会是让没有根据的批判可以通行的社会。（宫内厅）相关人员对几个事例解释清楚就好，如能得到人们认可就颇感欣慰了。"

美智子皇后是在暗示宫内厅出来说明事实有误，希冀得到民众的理解。而宫内厅长官直到 10 月 26 日才出来反驳：美智子皇后面对激烈的中伤报道，生日那天昏倒在御所，又一次失语了。

保皇派是绝对不允许对天皇、皇后进行攻击的，之后，因为宝岛社和文艺春秋出版社的不实报道，发生了向相关人员家中开枪的事件。最终，美智子皇后热心做祭祀活动，才稳定了事态。

世界上像美国、英国、加拿大等国家，在两大政党制下，均明确分为革新派和保守派，也被作为对左右翼的区分。而日本右翼，从狭义上讲，是指具有黑社会性质的法人组织；从广义上讲，是指日本政治势力中的鹰派，也就是保守政党中的强硬派。

日本右翼分为街头右翼和学术右翼。街头右翼（日文"街宣右翼"）被警察称为"行动右翼"，他们使用宣传车，在涂成黑色的大车上挂上十六瓣八重表菊纹（代表皇室）的国章，在车身涂上政治标语，高分贝地放军歌等，这些大多是在黑社会掩护下的团体，也有在日本的韩国人、朝鲜人及被歧视部落（江户时代从事屠宰、皮革业、乞丐等人形成的特殊社会集团）的出身者。他们总在刷存在感，日本民众也反感他们，但在言论自由的情况下，对他们也无可奈何。

插句题外话。我在日本时，感到大喇叭吵人的有两种现象：

一个是"街宣右翼",另一个是日本首相、各县知事或议员竞选时,竞选车游走在大街小巷,竞选人举着高分贝的喇叭宣讲自己的主张。

日本的学术右翼通过篡改历史、著书立说宣传自己的主张,比如东京大学文学博士、日本电气通信大学名誉教授西尾干二,主持编写了篡改侵略历史的《新历史教科书》,原东京都知事石原慎太郎、猪濑直树以及百田尚树这样的右翼国会议员,有社会地位,又是作家,也时常出来搅局,更具迷惑性。自民党从成立之初就是由自由党和民主党两大保守党组成,是右翼势力的保护神,所以,在日本,保皇派的势力很强大。

日本右翼说:"天皇什么都不做,什么都不说,只在宫中祭祀就可以了。"因为将天皇作为"神",与民众隔离,产生神秘感,可以对天皇加以政治利用。明仁天皇的学友明石元绍说:"现在宫内厅是政府机关的一部分,工作人员也被编入官僚机构中,前昭和时代的宫内厅长官宇佐美毅曾说过他拒绝过政府利用天皇,但现在没有这样的人了。"然而在日本的许多国民心中,虽然仍然有天皇是"神"的信仰,但不希望天皇就是神。

从明仁天皇和美智子皇后自身而言,战争期间疏散漂泊的痛苦经历,让他们不希望再有战争。还是皇太子(妃)时去美国访问期间,他们专程探望了在养老院度过余生的明仁年少时的家庭教师伊丽莎白·维宁,维宁夫人作为一个彻底的人的生存方式,深深影响了他们。

明仁天皇和美智子皇后自皇太子(妃)时代,就不辞辛苦地走遍全国43个都道府县,有的县去过两三回,零距离地与国民接触。他们还多次去广岛、长崎、冲绳，以及到海外的硫黄岛、塞班岛等战地访问，这些都是昭和天皇没有去过的地方。而且，他们从没有去过陆上自卫队演练场及驻地、海上自卫队及航空自卫队基地等带有军事色彩的地方。

1992 年，明仁天皇与美智子皇后访问中国，这是日本天皇和皇后第一次也是唯一一次访问中国。

昭和时代，天皇还具有人和神的"两面性"，即使战后他成为象征性天皇，内心仍然放不下高高在上的意识，但他又对祭祀活动很淡然——古稀之年，已不可祭祀了，也不让明仁皇太子代行。而且他从年少时就对植物学和生物学有极强烈的兴趣（他采集的海洋生物标本"蔓蛇尾"为新物种），到了老年就更热心于生物学研究了。

而明仁天皇一直在摸索作为"人"的象征性天皇，选择了与国民共生的生活方式，他常提及对过去的战争和殖民统治的深刻反省，这也引发了日本右翼的不满。

颐养天年上皇后

2016 年 8 月 8 日，明仁天皇通过录像在电视上向全国发表讲话，表达了"生前退位"的想法，一时引起国内外的高度关注。因为明治政府 1889 年制定的《皇室典范》（旧）不承认天皇退位，而战后颁布的新《皇室典范》也没有修改这一条，明仁天皇是自江户时代近 200 年来首次提出生前退位的天皇，其退位背后是在表明天皇不是"神"。

退位这么重大的事，明仁天皇竟然事先没有与美智子皇后商量，自己就决定了。早在 2010 年 7 月 22 日，在御所召开的参事会议上，明仁天皇就说："我想我应该让位。"当时的参会者为美智子皇后及宫内厅长官、侍从长等 7 人，他们都大吃一惊，并主张不要退位，可以摄政，也就是说，美智子皇后也支持摄政。

2013 年 11 月，年近八旬的皇后美智子，通过宫内厅发表声明，拒绝明仁天皇的"夫妻合葬"要求，并称："我与明仁天皇没有爱情，只有一个部位被需要。"日本民众纷纷议论，猜测与她在皇宫中所受到的屈辱对待有关。

宫内厅的解释是："美智子皇后认为自己是平民出身，天皇是天照大神的子孙，自己没有资格与天皇同墓合葬。"

不管宫内厅出于什么想法做这种判断，都不无道理。尽管美智子皇后入宫后历经磨难，但其内心还是坚守日本传统的，对明仁天皇的尊敬，应该与日本民众对天皇的信仰是一致的。美智子皇后有好胜的性格，大概当时也是说的气话。

她坚守日本传统，热衷祭祀或者其他公务活动。还一度担忧雅子妃当上皇后之后，由于身体原因不能很好地执行公务。她曾一边对雅子妃进行指导，一边寄希望于二儿媳纪子妃，希望她能接下自己长年坚持出席的福祉、文化事业及教育等活动，并默默地对纪子妃进行"皇后教育"。因此，有媒体质疑纪子妃是"另一个皇后"，宫内厅干部也说：所谓"两妃一皇后"或"两妃做一人的工作"是美智子皇后的想法，只是希望有人能够继续她之前所执行的公务活动。

不过，当明仁天皇决定生前退位后，雅子妃像变了一个人似的，不仅执行了公务，也开始参加宫中祭祀，而且做得都非常好。美智子皇后好像也松了一口气。

美智子（妃）皇后积极主动地出现在国民面前，出席仪式或活动，与国民共喜乐同悲伤，并致力于国际亲善。她把公与私分得很清楚，自从嫁到皇宫，就一心一意陪伴明仁（皇太子）天皇，很少回娘家。

2014 年 10 月 20 日，美智子皇后迎来 80 岁伞寿时说："80 年前给予我生命的双亲已离开世间，我已经超过母亲的生存年龄

（77 岁），想起我出嫁那天清晨母亲无声地拥抱了我，父亲诚谕我"跟随陛下和殿下心意生活下去"，这些话对我一直都是鼓励，今后我也会继续这样走下去。"

2016 年 10 月 20 日美智子皇后在 82 岁生日的宫内记者见面会上说："当我看到报纸整版印着'生前退位'的大字时，冲击是巨大的。在此之前，我在历史书籍中从没有接触过这样的表现，一时间感到惊讶和心痛，也许是我过于敏感了。"

其实，明仁天皇提出生前退位应该还有一个原因，就是宫中祭祀，这是天皇祈祷五谷丰登、国泰民安的仪式。日本人相信祭祀神会带来恩惠，蔑视神会遭到恶报。明仁天皇与他的父亲昭和天皇不同，他与美智子皇后都对宫中祭祀非常热心，虽然后来年事已高，一年也要参加 20 次宫中祭祀或祭仪。

明仁天皇的父亲昭和天皇在当皇太子时就开始摄政，他从欧洲出访回来后，开始了西式生活，他只穿西服，睡在床上，在桌子上办公，吃西餐，用西式坐便器。因他基本上坐椅子，便不会跪坐，而神道教的祭祀活动需要长时间跪坐，所以，他根本不能进行长时间的祭祀活动。

裕仁皇太子（昭和天皇）摄政最初的新尝祭（11 月向神献上新稻谷），是天皇即位后的第一次祭祀，也是天皇一代一次的大祭，他不仅没有参加，还在当日与妻子的哥哥朝融王、原东宫侍从及服务员等，在西式迎宾馆中的别墅里打台球 、下象棋……过了一天。

恰巧那时皇族成员接连在国内外或死或伤：在巴黎游玩的皇室成员三人出了事故，其姑姑去世，日本又发生了关东大地震等，贞明皇后认为是儿子没有举行大尝祭所致，很是生气。于是，裕仁皇太子为了参加 1923 年的大尝祭，提前半年开始练习跪坐，学习祭祀礼仪，否则掌握不了复杂的祭祀程序。

明仁天皇一直对宫中祭祀非常热心，年老之后认为自己的身体难以胜任了，不如退下来让皇太子接着做下去，为国泰民安而祈祷。

在明仁天皇退位前，日本媒体与国民对明仁天皇和美智子皇后退位后的生活进行了各种猜测，终于，美智子皇后在 2018 年 10 月 20 日生日那天，以文书形式回答了记者的这个问题，她对自己之后要做什么描述道：

"陛下让位后，照顾陛下身体健康，一起度过平静的每一天。我们会回到住了 30 多年的东宫御所，三个孩子在那里成长，能回忆当时的情景，真是令人怀念。

"曾想读的书，可以一本一本地花时间来读了。以前怕一读上就入迷而敬而远之的侦探小说，也可以安心地放在手边了。

"在赤坂大院里找一块沃土，种些甜瓜。刚移到御所来时，陛下御田附近有一大片茶园，发现有几个甜瓜，很怀念，就问陛下能不能给我，陛下一脸认真地告诉我说：不行，这是供奉神的，6 月'大祓'（为国民举行的驱魔祈福活动）时用的物品。我踏入瓜田犯了大忌！从此以后，我就想何时自己才能种上这种令人怀念的甜瓜。

"陛下马上 85 岁了，为了消除他积下的疲劳，今后在被自然环绕的赤坂度过每一天，内心安然。离开御用地一段时间了，那里令人怀念，现在怎么样了？日本的蒲公英还留下多少？常惦念的日本蜜蜂是否安然无恙？盼望与陛下一起种上他心心念念的狸喜欢爬的树，静静地、内心充实地度过余生。"

这个答记者问的文书充满了亲情与柔情。美智子皇后一直重视家庭亲情，在 2005 年 10 月 20 日的记者见面会上，由于女儿清子内亲王马上就要出嫁了，她充满母爱地谈到了她的儿女们，她说："德仁亲王善良，经常鼓励我；文仁亲王心细，同时不失真实；清子内亲王出生时，天空晴朗无云，一早就感到吉祥，清子内亲王性格明朗又娴静。在我遇到什么挫折、发生意想不到的事情时，就会来到我身边关心我，轻轻地与我说话。"

在清子内亲王婚礼当天的早晨，美智子皇后牵挂着下嫁出宫的爱女，给她拥抱并鼓励她。在明仁天皇所有退位仪式结束前，明仁天皇和美智子皇后乘车去了女儿家，并在那里共进午餐后返回皇宫。

2019 年 2 月 24 日，明仁天皇于在位 30 周年纪念仪式上发自内心地讲道：平成 30 年间，日本在全体国民殷切期望和平的坚强意志的支撑下，在近现代日本史上，首次拥有了没有经历战争的时代。

他同时强调："摸索日本《宪法》中规定的'象征性天皇'之路仍任重而道远，希望我的继任者们，在下一代、更下一代，继续寻求象征应有的姿态，完善补充我这一时代的象征像。"这也是给他的继任者德仁皇太子留下的思考。

日本《每日新闻》在 2019 年 3 月 16 日、17 日的舆论调查中，对明仁天皇作为象征性天皇的角色问题所做的调查，近九成的人回答"完成了"；在各党派中，连否定天皇制的共产党的支持者中也有六成回答"充分完成了"。针对与皇室的"距离"问题上，回答"感觉到""某种程度感觉到"与皇室接近的人占50%，与30年前昭和天皇晚年相比，民众与皇室的距离感大大缩小了。在这一点上，应该说，美智子皇后功不可没。

2019年4月30日，明仁天皇退位，在皇宫宫殿"松之间"出席"退位礼正殿之仪"，作为天皇发表最后的讲话。

在退位礼正殿之仪结束后，明仁天皇没有按照以往自己先走一步、美智子皇后保持距离跟在后面的惯例，而是回过头，将手伸向皇后，牵着皇后手的那一幕感动了无数日本国民。

美智子24岁时，走上了一条做梦也想不到的人生路，虽历经磨难，但一直守候在明仁皇太子（天皇）的身边，作为皇太子妃30年，作为皇后30年。

美智子皇后得到了日本国民的信赖和爱戴，对于一位从民间进宫的女子来说，能走到今天实在是不容易。

明仁天皇和美智子皇后退位后分别被称为上皇和上皇后，将在（东宫）仙洞御所度过余生。昭和天皇于1989年1月7日在东京驾崩，享年87岁，是历代天皇中最长寿的天皇。2020年12月23日，明仁上皇整87岁，现在已经更新了天皇最长寿纪录。

德仁皇太子于2019年5月1日登基，成为新天皇，改年号"令和"，从此日本进入了"令和"时代。

雅 子 妃

　　雅子妃是日本史上第一位当过职业女性后进入皇室的皇太子妃，她又是从小随外交官父亲辗转多国的西派才女，先后毕业于美国哈佛大学、英国牛津大学，又在日本首屈一指的东京大学法学院深造，并进入外务省工作。

　　因此，雅子是一位注重个性、事业心强的女性，然而，却嫁入了最不需要个性、首要任务是生皇子的皇宫。

　　德仁皇太子是皇室中第一位有学历（博士）、有海外留学经验（英国牛津大学）的皇太子，他又是一位非常谨慎、沉稳的天皇继承人，32岁才认定雅子，33岁结婚，创下了日本史上皇太子结婚最晚的纪录。

　　无论雅子多么优秀，在宫内厅的人眼中她就是一个女人，唯一标准就是雅子的所有条件能不能嵌入当皇太子妃的"模具"里。果不其然，宫内厅在她外祖父身上找到瑕疵，迫使她与皇太子一分开就是五年，之后，好不容易两人携手登上了婚姻殿堂，雅子妃却因没生出皇子得了抑郁症，还闹出了"离婚风波"。

出身外交官家的「国际派」

在嫁给德仁皇太子之前，她姓小和田，名雅子，嫁入皇宫后，她被称为雅子妃。

1963年12月9日，歌曲《こんにちは赤ちゃん》(《你好！我的宝贝》) 风靡日本大街小巷时，小和田雅子在东京虎门医院诞生了，冥冥之中，小和田家为日本皇室诞生了一位未来的皇后。

《こんにちは赤ちゃん》的歌词大意是："你好！我的宝贝，你的笑容、哭声、小手、圆圆的大眼睛，初次见面，我是你的妈妈；你的生命、未来，真是幸福，你是爸爸的希望；两人爱的证明，祈祷你健康美好地成长。宝贝，我有一个请求，时常我想要只和爸爸两个人的寂静夜晚，拜托了宝宝，晚安！"有宝宝的父母或有母爱的人都会喜欢上这首歌吧。

雅子的父亲小和田恒是外务省的外交官，但又不是一般的外交官。他担任过日本外相的私人秘书、日本第67届首相福田赳夫的秘书，先后做过外务省条约局条约课长（处长）、局长、外务省事务次官（相当于副部长）。1978 年 8 月，日本与中国签订《日中和平友好条约》时，因小和田恒曾在外务省条约局工作，他作为福田赳夫首相的秘书，参与了条约制定过程。

小和田恒还出任过驻联合国大使、第 22 代国际司法法院院长以及海牙国际法院大法官，同时也是美国哈佛大学国际法学的客座教授。

小和田恒出身于没落的下级武士家庭，但又因祖辈重视教育，以"三代教育家"重振家业，也就是说，小和田恒的上三代都是教育家，因此，他与家中的四个兄弟均毕业于日本东京大学。

小和田恒在东京大学教养学部教养系（国际关系论分科）求学，1954 年大三时，就通过了外交官领事官考试，第二年（1955年）毕业后，进入日本外务省工作。1956 年，在外务省工作期间，小和田恒到英国剑桥大学留学，取得了法学学士学位。雅子自上大学以后至嫁入皇宫之前，一直在践行她父亲的人生轨迹。

雅子的母亲江头优美子是毕业于日本庆应大学的才女，江头家与旧日本海军有关系，家中人才辈出。

由于父亲是外交官，雅子从小就跟着父母辗转于国内外，因此经常转学，甚至接受不同文化的教育，这使得雅子学会了多国语言。

雅子在一岁零八个月（1965 年）时，随着身为日本驻苏联大使馆一等书记官的父亲小和田恒和母亲优美子到了莫斯科，住在外国人公寓里的 12 层。当时，日本正处于经济高速发展时期，而苏联物资匮乏，气候寒冷，雅子又太小，奶粉、尿不湿、儿童服等都成为问题，但那时日本外务省有规定，外交官不能单身赴任，只能把雅子带在身边。

正值美苏冷战时期，日本与美国是同盟国，小和田恒相当于进入了"敌国"，而苏联对西方外交官、商社职员及新闻记者等都进行监视，其工作繁忙程度可想而知。但雅子还小，她很快就到公寓前的广场或公园与当地的小朋友一起玩耍。第二年，她进入莫斯科市立幼儿园，并很快学会了说俄语，与当地的小伙伴一起滑雪、滑冰。

雅子不到5岁时（1968年8月），父亲小和田恒被外务省派到美国纽约日本驻联合国代表处工作，一家人又到了美国。同年9月，雅子进入纽约市立第八十一小学附属幼儿园，第二年9月，雅子又进入纽约市立第八十一小学上学。

1971年3月，刚在美国上小学二年级的雅子又随父母回到了日本，后转学到一所由法国修道士创建属于天主教系学校学习，并由法国教师教授法语。

之后，1978年12月，小和田恒又接到美国哈佛大学希望他作为客座教授担当国际法教学的邀请。于是，1979年7月，雅子又随着全家去了美国波士顿，同年9月转学到美国波士顿公立高中继续学习高中课程。雅子在这个学校得了一个外号"brain"（最聪明的人），她的德语成绩还获得了德国总领事奖和歌德学院奖。

下一节会提到雅子曾在美国哈佛大学和英国牛津大学留学，因此，她通晓美式和英式英语、法语、俄语、德语等多门外国语言，是典型的"国际派"。

表面上看来，雅子走得一帆风顺，是令人羡慕的国际派，但其中的酸甜苦辣，只有她自己才能体会。可以说，雅子从小就过着漂泊不定的生活，对她的性格产生了很大的影响，也注定她之后在皇宫的日子不好过。

雅子跟随父母去苏联莫斯科时，虽然只有一岁零八个月，但母亲优美子认为自己是外交官妻子，不能总在家照顾孩子，必须要与丈夫一起参加公务活动，因此，常常外出，把孩子交给保姆照顾。

第二年（1966），雅子母亲又怀孕了，恰巧父亲小和田恒在瑞士出差，就让怀着双胞胎的优美子带着雅子去了瑞士，双胞胎女儿在瑞士出生。但小和田恒有工作，只能带着两岁零七个月的雅子赶回了莫斯科，这次行程途经丹麦首都哥本哈根，要在机场等待两个半小时，父亲总是没有母亲那么会照顾孩子，这对雅子这么小的孩子来说真是一种考验。

不久，雅子母亲优美子带着双胞胎女儿回到莫斯科，父母出去工作时，雅子又得与保姆一起照顾两个妹妹。

保姆井上回忆说：雅子很聪明，她积极参加活动，从小就知道适应所处的环境，去了幼儿园，三个月就会说俄语了。母亲优美子也回忆说："雅子从幼儿园回来时，第一句话就是：'妈妈，今晚又外出？'我回答说：'出去呀！'她只说：'嗯。'我能看出她还是感到寂寞的。""可以看出，雅子从小就是一个既独立又有主意的孩子。"

雅子4岁半随父母去纽约时，正值1968年美国陷入越战之中，反战人士游行、发传单等，弥漫着一种不安的气氛。

小和田一家人住在郊外较僻静的高级住宅，雅子第二年9月，进入了纽约市立第八十一小学上学，这是一所国际小学，有来自

27 个国家的 800 名学生。雅子因为快 6 岁了，不像在莫斯科时"初生牛犊不怕虎"，由于英语还说不好，只与两个日本女同学在一起，经常沉默不语，本来天真烂漫的雅子变成了乖乖女。那时，外国人对日本人和日本文化还不那么了解，甚至有偏见。

雅子母亲优美子过着节俭的生活，亲手为女儿做衣裳、便当。一次，雅子在午餐时，用手吃紫菜饭团，一个外国孩子看到后对她说："直接用手吃东西的日本人太脏了，滚一边去！"雅子大吃一惊，这之后都带着筷子去学校。

1971 年 3 月，雅子父亲又调回日本，她不得不跟着回国。这时雅子碰到了尴尬的问题——住所和语言障碍，经历多次转学。

由于外务省暂时没有空着的宿舍，一家人只能暂住在雅子的外祖父家，雅子进入了附近的东京都目黑区立原町小学上一年级，第二个月（4 月），一家搬到了新宿区的机关宿舍中的三居室，雅子又不得不转学到东京都新宿区立富久小学上二年级。

正如外务省外交官夫人所言："东京公立小学的学生说话语速快，且多用流行语，归国子女即使在家说日语、写字，由于缺乏日常生活经验，还是不容易理解同学的意思，不少孩子感到困惑。"

因此，雅子父母希望她能进入前面也提到的东京都世田谷区私立田园调布双叶小学，这所学校不只是属于天主教风格的学校，也是"小姐"出没的女子学校，学校具有宽松的学习环境，雅子的外祖母、母亲都毕业于这个学校。

但进入这个学校很难，没有空缺位置的话，不接受中途入学，且需要考试合格后才能入学。据专门负责升学补习班的人说："这所学校的学生父母以医生、公司高管、律师、学者及高级官僚为中心，而公司社长中连中小企业的社长都没有。"学校教师三分之二是女性，以毕业于茶水女子大学、圣心女子大学及基督教系学校为主。

结果，雅子第一次考试不合格，经过上私塾学习后，通过了第二次考试，终于在 1972 年 4 月，进入了田园调布双叶小学上小学三年级。

　　由于雅子父母工作繁忙，不能对雅子无微不至地照顾，便让她自由生长。雅子的父亲小和田恒的同事夫人曾对他说："有时感觉你们完全把雅子当长男一样培养。"

　　而雅子的经历和生活过的环境，使她与土生土长的日本女孩儿相比，在性格上有很大的不同。

　　雅子非常喜欢动物，她喜欢看《昆虫记》《动物记》之类的书，而且从小就在家里养各种动物——小鸡、狗、猫、仓鼠、兔子、鱼等，她还要养变色龙，父母感到为难，她就自己省下零花钱买下了，父母也拿她没办法。

　　雅子小学六年级时，加入了学校生物部，她在暑假时买了3只小白鼠，将它们放入腌菜斗里，大概是想观察其生长和产子情况，结果，假期结束时，3只变成了50只，而且都咬破腌菜斗跑掉了，雅子慌忙之中联系了保健所，引起一场骚动。

　　雅子在学校里积极负责动物小屋的清扫、喂食，被同学们称为动物博士，她写作文时称自己将来梦想成为一名兽医。可见，雅子小时候是一个活泼好动的孩子。

雅子的中学老师描述她说：在中学毕业文集中，小和田雅子特有的笑话太多了，写到自我介绍时，她模仿夏目雅子（日本艺人），称自己的"艺名"是脱目雅子。写到自己喜欢的歌曲时说："浪曲、民谣我都在行，最拿手的就是一边弹着三味线（日本乐器），一边唱了。"雅子性格活泼，在班上颇有人气，高中一年级她随父亲赴美时，几乎所有同学都到机场为她送行。

雅子在美国上高中时如鱼得水。她不是死学类型，经常与朋友去看电影，在甜甜圈店或冰激凌店享乐，还进入常春藤联盟（ivy），在"日本人会"的亲善垒球大赛中，是投手兼4号击球员。雅子还打工，在垒球俱乐部当球童，1小时挣2—4美元，充分享受高中生活。

雅子在美国高中毕业后，直接考入了哈佛大学经济学部。由于她的父亲又要带一家人赴苏联莫斯科工作，雅子便自己留在哈佛大学学习，其间也到耶鲁大学、普林斯顿大学等四所常青藤学校旁听。这时她开启了一个新的梦想，要像她父亲一样成为一名外交官。

雅子住在学生宿舍里，与同宿舍同学谈论政治与哲学，还经常搞派对，同学说："大学时代的雅子认真且忙碌，在图书馆收集材料进行分析，到深夜还打字。平日只是学习，但到周末晚上有舞会时，她就与大家一起跳迪斯科直到深夜。"

兼任宿舍长的教授说："雅子是日本文化协会的会员，四年级时当上会长，她的口头语就是'美国人和欧洲人对日本了解得太少了'。"雅子利用暑假的时间参加德国、法国的夏季讲座，以了解各国实情，同时为请大家了解日本，她企划日本电影放映会、寿司会等，自学生时代就为成为外交官积累经验，同学们称她是"民间外交官"。

1985 年 3 月 20 日，雅子 21 岁时，完成了哈佛大学毕业论文《对进口价格冲击的对外调整——日本贸易中的石油》，这个论文属于数理性研究。雅子说："想与父亲做一样的工作，为日美关系的发展发挥作用。"同年 6 月，雅子从美国回到了日本。

因为雅子在哈佛大学期间学的是经济学，为了能成为一名外交官，雅子用了近一年的时间突击学习，并于 1986 年 4 月参加了东京大学法学部的考试。在日本，这是一条精英路线，日本政府的官僚许多是从东京大学法学部毕业的。有一次，我参加与日本留学生的座谈会，与会者中有一位英俊且自信满满的小伙子，穿着东京大学的 T 恤，他就是东京大学法学院的学生。我问他今后想做什么时，他毫不犹豫，也毫不避讳地说："想当官！"

曾与雅子一起参加东京大学法学部学士考试的冈田直树说："我前面座位上是一个穿着黑色衣服的美女，英文试卷发下来的一瞬间，唰唰地就写上了，至少对我是威胁。150 人考试，只通过三个人，其中有我们俩……她刚留学回来时，化妆比较浓，我还认为她'有点土'，不久，我看到她非常坚强，是日本式女性。雅子与她的两位女友来到我住的金泽，我带她们各处游走，吃美食、逛街、参观，我还问雅子：'准备一生独身吗？'她答道：'想继续工作，一生独身，不是能有力支持我的人，或许不行。'"

小和田雅子进入东京大学法学院之后的两个月，就有高难度的外交官考试，她参加了考试。同年 10 月 6 日，雅子收到了考试合格证书，当天她就作为外务省的实习生到外务省报到了，一下子吸引了众多媒体的关注，外务省也给雅子安排了记者采访。

之后，各大媒体对雅子进行了轰炸式采访，各个报纸杂志都在版面醒目的地方报道了雅子通过外交官考试的消息，比如：日本经济新闻在社会版上做了个大标题"通过外交官考试　父女两代的小和田"。恰巧 1986 年，日本政府刚刚推出《男女雇用机会均等法》，就是多给女性创造就业机会，外务省也是在配合政府的号召。

当时在日本，职业女性还很少，能进入外务省工作的女性更是凤毛麟角。2001 年 11 月，JR 东日本交通公司出现第一位女司机时，日本电视台和新闻报纸还专门做了报道。而雅子身上有许多光环，从美国哈佛大学毕业、在东京大学法学院学习，特别是她父女两代都是外交官。

1987 年，雅子从东京大学退学，同年 10 月正式进入外务省工作。年轻的雅子也踏上了他父亲的事业轨迹。

那时的雅子总是穿上西式职业女装，手提大公文包，俨然一个女强人式的职业女性。她是工作狂，一周中有三天是过了半夜才回家。她曾参与处理日美贸易摩擦的谈判，为首相、外务大臣安倍晋太郎（前首相安倍晋三的父亲）等做翻译，非常干练。

也就在此时，雅子作为皇太子德仁亲王的"候选妃"一事在私底下默默启动，只有极少数人知道，雅子一家还蒙在鼓里。

外务省前日本驻联合国大使中川融说："1985 年，宫内厅秘密地让我'推荐一位皇太子妃候选人'，对于要选一位未来皇后的任务，我当时一点自信都没有。经过六个多月的甄选，我得出一个结论，妃候选人非'那个人'莫属，就是当时任外务省条约局局长的小和田恒的长女雅子。1965 年 9 月，我作为驻苏联大使前往莫斯科大使馆时，她的父亲是一等书记官，我看到了当时两三岁大，眼睛滴溜溜转的可爱女孩儿，她说话利索，给我留下了聪明伶俐的印象……后来她在哈佛大学学习，回国后又在东京大学学习，又通过了极难的外交官考试等，具有这么出色的履历，我确信适合皇太子妃的人选非雅子莫属。"

推荐三个多月后，在东宫御所举办西班牙埃伦娜公主到访日本欢迎会，雅子也被邀到场了。当然，雅子即便是外交官，也没有资格想去就去，是时任外务省条约局局长的小和田恒接到宫内厅的邀请，在邀请函的最下面特意写着：也请家人一起出席。

小和田恒也是第一次接到宫内厅的邀请，且这次与工作没有直接关系，但是（明仁）皇太子夫妇举办的活动是不能拒绝的。

一般来说，在外交场合，官员或大使携夫人出席是很正常的，如果是招待会之类的，可以带子女。小和田恒在美国时，常带着雅子和双胞胎女儿去参加美国及日本外交官、大学教授、艺术家等的各种招待会，目的是让她们多接触社会，多结识友人，对她们未来发展有益。

小和田恒接到邀请函后征求了雅子的意见，由于雅子当时被日本媒体追得"焦头烂额"，照片也被刊登出来，不想再无事生非，当即表示没有兴趣。但在欢迎会的前几日，中川融大使给小和田恒打来电话，告诉他自己也去参加，好久不见了，并祝贺雅子进入外务省工作，最后委婉但明显是用确认的口气问道："雅能来出席吗？"

虽然雅子并不知道这其中的奥秘，但要成为一名外交官，能出席宫中外交礼节性的欢迎会，应该是很好的学习机会，最终她还是同意了。在东宫的招待名单中，只写来宾夫妇的名字，因此，雅子在其父亲的名字左侧手写上了自己的名字。

其实，德仁亲王心里有数，雅子作为最有力的候选妃人选，已被东宫大夫列入候选妃名单了，他看了雅子的资料后说："是位很优秀很可爱的人。"

雅子梳着短发，戴上耳环，穿着光鲜夺目的连衣裙到场，而德仁亲王在欢迎会上按照顺序向客人打招呼，当他来到小和田恒和雅子父女身边时，小和田恒向德仁亲王介绍雅子，并告诉他雅子通过了外交官考试。于是，德仁亲王对雅子说："通过考试真好！""想成为什么样的外交官？"雅子紧张地讲了一点自己的外交理想，德仁亲王善意地跟她说："再加油！"两人只是进行了两三分钟的对话。

之后，德仁亲王与雅子几次秘密见面，都被敏感的记者捕捉到了，宫内厅也预想德仁亲王把雅子当成了"皇太子第一候选妃"，于是，开始了对雅子的全面调查，发现雅子的外祖父江头丰曾与日本战后对社会造成极坏影响的"水俣病"的公害企业有关（之后详述）。

当时的宫内厅长官对德仁亲王说："断了这个念想吧。"德仁亲王只说了一句："知道了。"雅子因外祖父的问题被从候选妃的名单上除名。从此，两人五年没有见面，直到德仁亲王32岁了才决定非雅子不娶。

　　当德仁亲王被劝说放弃选择雅子作为候选妃时，只说了三个字"知道了"，并没像他父亲对美智子那样痴情，说明他认为自己还有选择的余地。

　　实际上，德仁亲王即使自己不着急，宫内厅都会在皇太子成人礼后着手选妃问题，在德仁亲王14岁时，媒体就以"候选妃"为题进行过报道。21岁大学四年级时，宫中开始依托学习院院长，列出学习院里有可能成为候选人的女性名单。受命的教授在其他人不知情的情况下，列出了200人的名单。25岁时，宫内厅就开始推进甄选德仁亲王候选妃的计划。

　　当时为德仁亲王物色候选妃有三条路线：1. 对父亲明仁天皇（当时是皇太子）成婚时列举的妃候选名单上的人的女儿进行追踪调查；2. 以明仁天皇在学习院初等科时代开始的学友群——郁沃会为中心，考察他们的女儿；3. 从皇太子自己交往的友人中，或亲戚朋友等的介绍中挑选。显然，雅子属于第三条路径。

德仁皇太子的选择与他的性格相关，让我们从他的亲友和老师的描述中找寻一下他的性格密码。

1960 年 2 月 23 日，德仁亲王作为明仁皇太子与美智子妃的长子，在宫内厅医院诞生。2 月 29 日，宫内厅为他举行了由他爷爷昭和天皇命名的"命名之仪"。德仁亲王的宫号为"浩宫"，名为"德仁"，分别取自中国"四书五经"的《中庸》第三十二章"浩浩其天"和"苟不固聪明圣知达天德者"的典故。

之前已有描述，德仁亲王在成长上与以往亲王有很大的差别，他在父母身边成长，享受到了家庭的温暖，因此，他在对家庭的渴望上没有他父亲那么强烈，在性格上也多了些天真活泼的性情。但他毕竟是未来天皇，父母及宫内厅都要给他从小灌输这个意识，对他的行为举止进行一定的约束。

每天早上，美智子妃确保浩宫一个人在床上玩耍至少 30 分钟，这能使他养成独立思考的习惯，因为天皇是一种孤独的存在。

德仁亲王从小就特别认真执着，两岁时就认认真真地钉扣子；在幼儿园骑自行车摔倒了，就抹去眼泪自己站起来并把车扶起来。他大一点儿用餐时，美智子妃让他"心系辛勤耕耘的农民"。德仁亲王穿的衣服基本上都是来自比他大六岁的堂叔高圆宫宪仁亲王穿过的旧衣服。美智子妃还对他的侍从长滨尾实说："要严加管教，必要时可以打屁股。"

但德仁亲王不是那么有灵气的孩子，滨尾实说：浩宫不是马上就能闪现才华的人，属于不断努力型，他比较谨慎，在学习院幼儿园，新的运动器械运进来时，比如单杠、秋千等，别的孩子马上就跑过去玩儿，而浩宫站在院子一端静静地观察整整两天，认为"这个我也可以玩"后，第三天才开始玩。江山易改，本性难移，浩宫从小就非常谨慎，上小学时也一样，学习上不是马上就开窍，但会一点点努力。

美智子妃教子有方，德仁亲王被培养得"文武双全"，他会拉小提琴、中提琴，还喜爱打棒球、打网球、登山等，既有教养又有健康的体魄。同时，美智子妃遵照昭和天皇和明仁皇太子的期望，不放松让他学习"帝王学"。

德仁亲王4岁时便问"为什么我没有姓"，7岁时就意识到自己的地位，向欢迎他的人们招手致意。

德仁亲王的学友小山泰生说：在读初三时，浩宫开始强烈地意识到自己将是日本未来的天皇，在读高中的三年间，他经常向爷爷（昭和天皇）请教。在爷爷的指导下，浩宫渐渐明白，成为天皇之后，有很多必须要做的事情。

德仁亲王在学习院上高中时，除了正规课程外，在御所以进讲的形式，广泛学习了《历代天皇御事迹》《古事记》《日本书纪》《万叶集》《平家物语》《比较神话学》《文化史》《文化人类学》《时事问题》等与"帝王学"相关的内容。

1982年3月，德仁亲王毕业于学习院大学文学部史学系，之后，继续在本校大学院人文科学研究科学习博士前期课程。德仁亲王与众多皇族以生物学为中心专攻自然科学不同，他专攻史学、中世交通史·流通史，属于人文科学、社会科学领域。

学习院大学校长安田元久教授是德仁亲王从大学到研究生十年的老师，对德仁皇太子评价说："除了殿下去英国留学的两年时间及因特别公务有两三次缺席课程以外，每周两次课，殿下全部出席，作为现代学生，实为少有。殿下专攻日本中世史，我教所有专攻这门课的学生，对我来说，殿下只是学生中的一员。因此，我在给考试和调查报告判分时，没有特别照顾，给过他最低分。但让我深受感动的是，殿下一定会加倍努力弥补回来。"

安田教授还说他的"中世史研究班"每年有研修旅行和夏季集体住宿项目，不会因为德仁亲王是殿下就特殊对待，而他自己也把立场和场合分得很清，绝不打乱前辈、后辈的关系，合影留念时也不站在中间。安田教授每年年初搞"新年会"，即所谓安田派对。这时德仁亲王特别随和，一边喝着威士忌，一边谈滑雪、登山的话题，还哄着来到他身边的小孩。当女同学跟他说，殿下也请换换尿布之类的话时，他就哈哈大笑。

德仁亲王从小学到大学的学友乃万畅敏也回忆道："那是大学一年级时的 5 月，我们史学系新生（日本是 4 月开学）去榛名湖研修旅行，要在那住一晚上，白天参观史迹，晚上开联谊会。因殿下说'希望大家不要对我区别对待'，于是，大家都向他敬酒，他也都一一喝下，最后还喝醉了。我和他住在同一间房，我们互相搀扶着进了房间，躺在床上就睡了。

"我半夜口渴醒来，发现旁边没人，急忙跳起来四处寻找，发现殿下正在对面的榻榻米上休息。第二天是 7 点开始早餐，几乎所有学生都因宿醉没有起来，但殿下很早就起床坐在那里，整个就餐时间，一直端坐着，没动摆在面前的料理。我对殿下的自律，或者说，帝王之道有了新的认识。"

德仁亲王在学习院大学的一个女同学说："按照学习院食堂的规矩，吃完饭后，要自己将餐盘洗净后放回原处。但因出水管细，水压不够，大多数学生简单洗洗就草草了事，而殿下非常细心的一点点地洗干净后才放回去。在与同学们一起乘电梯时，殿下总是按着按钮对他人说'请先上'，像一个'电梯管理员'，在校园里，殿下常常给人留下优雅且绅士的印象。"

曾在日本电视台负责皇室报道的渡边女士也谈到德仁亲王的"帝王学"。德仁亲王在 1985 年 9 月 20 日，为了纪念从英国牛津大学毕业，与他的音乐伙伴举办了"告别英国音乐会"，渡边女士负责这场音乐会的电视录像工作。

渡边女士说："原定在音乐会结束前由五个英国孩子献花，但当第二首曲子演奏完爆发掌声时，年轻职员就错让孩子们上场献花，那终曲《萤光》（以苏格兰为原曲的日本歌曲）时就没花献了。我们突然想起教堂入口处的大花瓶里插着花，就把这些花用绳子或金属丝绑起来做了五束，让孩子们再次献上。可这些花是浸在水里的，有水滴下来。正惶恐不安时，看到穿着晚礼服的殿下微笑着自然地把花接了过来，我不禁流下眼泪。那时想，帝王学存在的话，就是这样的吧。"

可以说，德仁皇太子是一个非常稳重并有坚定信念的人，宫内厅为他寻找了无数候选妃，他迟迟不做决定，最终在 32 岁时才再次选中雅子。皇室记者松崎敏弥写过"特别手记"，披露了德仁皇太子选妃想法的转变过程。

1978 年 4 月，德仁亲王进入学习院文学部史学科学习，在音乐部例行举办的欢迎新人联谊会上，当他被问到喜欢什么样的女生时，亲王答："竹下景子（日本女演员）。"美智子皇后在这年 10 月迎来 44 岁生日，她第一次在公开场合说："我们还没有一起聊过这个话题，只是浩宫跟我说，记者问到选妃问题的话，您就回答，他才 18 岁，还是一个学生。"

1982 年 3 月，德仁亲王从学习院大学毕业，他的婚事成为日本国民关心的话题。他也首次在记者见面会上谈到理想中的太子妃是什么样的："很难，现在这个人还没出现。理想的人要开朗、健康、喜欢体育运动，如果再加一条就是做饭好吃。在时机问题上，没遇到'就是这个人'的时候不好说。"

德仁亲王在学习院学习硕士课程一年后（1983 年 6 月 20 日），作为"皇室第一位海外留学生"赴英国牛津大学留学，学习泰晤士河水运史。德仁亲王头一次体验到没人"盯着"的自由，在宿舍墙上贴着波姬·小丝的海报，自己用洗衣机洗衣服，温日本酒喝，有时还去参加舞会。

德仁亲王在英国一年后临时回国，他的选妃标准有所改变："优秀的日本人，且是国际派，这或许不是国民希望的类型，但我在英国一年多，与英国和欧洲女性接触时感到，她们都很直率地表达自己的看法。我选择的对方应该在某种程度上反映自己的意见和爱好，作为妃子学会克制是必要的，但坚定地持有自己的主张更重要，最好会说外语。"

1985 年 10 月，德仁亲王从英国牛津大学毕业回到日本后，选妃条件更具体化了："首先，是与自己拥有相同价值观的人，具体来说，看到美丽的事物，可以说出美在何处，珍贵的东西能认识到它的可贵之处，并懂得珍惜和爱护。避免奢侈，与自己的金钱观相同，比如，去纽约的蒂芙尼，要这个，要那个，就麻烦了（笑）；第二、我认为能与任何人轻松交谈的人，与人见面时，能够自然制造出说话氛围的女性作为结婚对象很好。说话有度，但必要时坚持自己想法的女性就更好了。"

前外务省中川融大使在受宫内厅委托时，大概就是按照这个标准寻找到雅子的。可以说，德仁亲王是一个非常谨慎的人，他在选择太子妃的同时不断转变观念，最终认定雅子，是他在英国牛津大学留学后的想法发生了变化。

1992 年 8 月 16 日，在各方努力下，32 岁的德仁皇太子和近 29 岁的雅子时隔五年再次相见，两人的结合基本上是板上钉钉了。

马拉松爱情秘史

德仁亲王与雅子于 1986 年 10 月 18 日，在东宫御所举办的西班牙公主到访日本欢迎会上初次见面，交往了一年多，但之后分开了五年，从初次见面到结婚时隔七年，这中间到底发生了什么？

先说一个趣话。德仁亲王在西班牙公主欢迎会上与小和田雅子见面后的第二天（19 日），不顾家人反对，去了柏原芳惠（日本歌手、演员）的演唱会现场，他是柏原芳惠的粉丝，在日本尽人皆知。德仁亲王给来迎接他的柏原芳惠送上了一支玫瑰，这是 1980 年才培育出来的新品种 "Princess Sayako"，柏原芳惠回赠了他自己签名的写真集。后来，这支玫瑰经过特殊处理，收藏在真空玻璃箱里。可以看出，德仁皇太子有着真性情，也很新潮。

转眼到了 11 月，在英国大使馆举办的日英协会招待会上，雅子与德仁亲王再次会面。日英协会是致力于日英两国文化交流的友好团体，会长是三笠宫宽仁亲王——德仁亲王的叔叔。会后，雅子兴奋地对友人说:"浩宫是非常优秀的好人。"12月23日,小和田一家又被邀请到东宫御所参加内部茶会。

日本媒体嗅觉灵敏且细心,把各公司团体出席内部茶会者的名字一一列出来,再把可能的人找出来,确认其出入东宫御所的次数并加以分析,最终初步锁定雅子有可能成为候选妃。

1987年1月,在日英协会惯例举办的"捣年糕大赛"上,德仁亲王出席,雅子也到场了,虽然只聊了几句,但在短时间内,两人见了四次面,媒体对这个大发现自然兴奋不已,专门负责皇室报道的记者开始尾随雅子的行踪。

只比德仁亲王大六岁的叔叔高圆宫宪仁亲王,平日像哥哥似的对待他,知道他倾心雅子后,命家中侍从打电话给雅子,请她参加他们夫妇举办的茶会。4月25日,正在研修中的雅子下课后,到高圆宫邸赴茶会,德仁亲王站在大门处等她,当天的茶会只有高圆宫夫妇和他们二人参加。

茶会上,德仁亲王将不久前访问尼泊尔、不丹、印度时拍摄的照片给雅子看;两人有许多共同语言,雅子回家已是第二天凌晨1点多了。过了一个多月,这个消息被透露后,有更多的记者开始对雅子盯梢。

1987年12月9日,德仁亲王通过东宫事务官将祝贺雅子24岁生日的花束送到小和田邸。于是,日本各媒体都炸开了锅,各周刊甚至包括体育新闻等都报道雅子是浩宫的候选妃,记者们组成一堵人墙,一窝蜂地采访雅子,在日本引起一阵骚动。

1988年,小和田恒将作为日本驻OECD(经济合作与发展组织)代表部大使赴法国巴黎,宫内厅侍从特地给小和田家打电话,告诉小和田恒浩宫会在他赴巴黎后约会雅子，请事先知晓。据说，小和田恒忧心雅子进宫难以适应，又认为皇家不好拒绝，一直处于两难之中。这样给小和田恒打电话，也在表明德仁皇太子对他的尊重，而且对雅子是真心的。

中川融大使回忆说：小和田恒曾对宫内厅侍从说，从我们这样的职员家庭进入皇室太勉强，不要再提这件事了，就当它没有发生吧……由于殿下抱有很大希望，反复磋商了几次，最后答应先不要说是妃候选人，只是见面。

当时，德仁亲王很中意雅子，雅子对德仁亲王也很有好感。但德仁亲王的妃候选人太多了，媒体时常就闪电般地报道出来一个，许多女孩儿的母亲都很愤怒，认为伤害了她们的女儿，也干扰了她们的生活。雅子的父亲是有地位的外交官，当然对此会更加慎重。

1988年1月14日，《周刊女性》杂志刊登了新春特大号独家报道《浩宫候选妃闪电登场！才女外交官小和田雅子24岁》，杂志一下子卖出了104万册。其他媒体及电视台马上跟进报道，豪宅、服饰、海外生活、外交官等，对雅子极尽赞美之词。

但3月23日，由于媒体的过热报道，在众院法务委员会上，民社党议员对德仁亲王候选妃一事向宫内厅提出质疑：他们俩的关系到底到了什么阶段？能不能更具体说一下什么时候、以何种方式？而宫内厅当时的侍从长说："现在还不是能说到了什么阶段的时候。"

原来，当雅子成为德仁亲王的"皇太子第一候选妃"后，宫内厅立即开始全面调查。这是宫内厅的传统，之前贵族家庭的女子也要被调查，只是到了平民，还会动员政府相关机构、社会团体以及其身边接触过她的人。调查的细节繁多，比如年龄要比皇太子小、个头不能超过他的发梢（雅子已经超过了），不能有先天缺陷，甚至没有做过手术，纯日本种族，等等。

经调查，雅子的外祖父江头丰在日本兴业银行退休后，出任了战后社会影响极坏的、因环境污染造成"水俣病"的公害企业——新日本氮肥公司的社长，该公司向河流排出大量含有机汞的废水，导致了水俣病，当地人痛苦不堪。

日本在战后初期，为了发展经济，在国家政策的支持下，以狂热的设备投资和技术革新为轴心，开足马力运转重化学工业，出现了严重的环境污染，如浓烟滚滚导致"四日市（三重县）哮喘"；河流污染，产生"水俣病""臭鱼"等现象。

"水俣病"是在熊本县水俣市发生的怪病，病人浑身痉挛、麻痹、精神错乱，且死亡率高。我认识的一位民主党议员的妻子说："我出生在熊本县，是因水污染而著名的水俣病之乡，得水俣病的人体内汞聚集，出生的孩子畸形或智障，外面的人歧视他们。尽管政府给了补助金，他们可以用来盖大房子，但人们还是不愿意与他们来往。现在已经是第三代了，许多孩子因长期受歧视，出现了许多社会治安问题。"

因为雅子外祖父的事，宫内厅将雅子从候选妃的名单中去掉了。这时，负责皇室新闻的记者又闻风而动，在雅子家门口堵着她问："与浩宫会面了吗？我想问你一些问题。"而雅子说："没什么好说的。"记者又问："听说你已被浩宫作为候选妃了？"雅子回答说："没有那回事，我还有急事……"记者又与雅子母亲优美子交谈，她笑着说："候选妃的事绝对没有，请原谅，别再提这个话题了。"

由于记者们想探个究竟，只要雅子出门上班，小和田邸前就聚集着几十个记者，他们不停地拍照。雅子晚上回家时，即使是深夜，也有记者尾随在她的身后，突然向她打招呼，让雅子惶恐不安。雅子向父亲求救，小和田恒就给她出主意，让她向记者要名片。

滨尾实说："打开窗户说亮话，是当时的宫内厅长官说不行的，他说如果两陛下去熊本县水俣市，能受欢迎吗？长官周围的人也有意见，就把雅子从名单中拿掉了。长官对殿下（德仁亲王）说：'断了这个念想吧'。殿下只说了一句：'知道了。'"

1988 年 7 月 9 日至 11 日，在第 16 次发达国家首脑会议（G7 休斯敦峰会）中，雅子作为半导体市场开放问题的负责人海部俊树（后为日本首相）的翻译，与其父亲小和田恒一同出差美国。同年 9 月，雅子作为外务省派遣的海外研究生赴英国牛津大学留学。

之后，德仁皇太子与雅子有五年没有见面，他没有像他父亲明仁天皇当年对美智子那样穷追不舍，也没有写过信，只是向从英国牛津大学回来的伙伴询问雅子的近况。

其间，东宫御所每周都会举行活动，或开花园派对，或是体育运动，而参加这些活动的女性，实际上都是太子妃的候选人。德仁亲王也一直在配合宫内厅寻找合适的妃子人选，同时在寻找自己心中的太子妃。

1989 年夏天，德仁亲王访问比利时，各媒体像是嗅到什么，推断"在巴黎有约会",于是,兵分两路进行采访,一部分跟着德仁亲王,一部分绕道直奔牛津大学找雅子。记者问雅子:"与皇太子见面了吗?"雅子含泪回答:"与我没有任何关系。我作为外务省的职员,一直在工作和学习。"据说,雅子听从她外祖母江头寿寿子的话,对记者采取断然否定的态度。

当其他媒体和日本国民在电视上看到雅子说得很认真,确认"雅子真的从候选妃中除名了,她不再是候选妃人选"时,就把注意力集中到德仁亲王的弟弟秋筱宫文仁亲王与川岛纪子订婚的事情上了。

一直惦念孙子婚事的昭和天皇还没有看到孙媳,就于1989年驾崩了,日本进入了平成时代,明仁皇太子即位天皇。1991年2月,皇宫为德仁亲王举行了"立太子礼",德仁亲王成为皇太子,同时,也成为法定皇位继承人。他开始有了必须辅佐父亲陛下的责任感,此前,他一直与父母住在一起,成为皇太子后,就搬到东宫御所完全独立生活了。

德仁皇太子心中的"理想女性"也更加清晰:像父母那样互相帮扶,能建立一个温暖的家庭,与自己持有共同价值观是绝对条件。

德仁亲王因处在昭和天皇驾崩后的一年服丧期,在选妃问题上一直很低调。宫内厅认为他与雅子已经没有可能,又开始不断地让他相亲。媒体也将其他候选妃对号入座,电视上播放了那些女性很不耐烦的回应:"没有关系""无中生有"。近来,专门有人写了一本关于那些妃候选人的书,写她们现在在做什么。她们几乎都很优秀,且过得很幸福。

德仁当上皇太子时已经 30 多岁了，民间开始出现嘈杂的声音："什么时候才能结婚呀？"

雅子于 1990 年 6 月从英国留学回到日本，7 月 1 日，被分配到外务省北美局北美二课工作，作为经济合作与发展组织（OECD）的项目责任人。

1991 年 9 月，在东京艺术剧场进行的中村纮子慈善音乐会闭幕席上，高圆宫家招待了雅子和她的母亲优美子。

1992 年 1 月，当宫内厅还要为德仁皇太子物色候选妃时，德仁皇太子直接问菅野弘夫东宫大夫说："小和田雅子不行吗？"东宫大夫一时语塞，因为宫内厅一旦做出决定，是不会反悔的，至少之前是这样。藤森昭一宫内厅长官向明仁天皇和美智子皇后传达了皇太子的意愿，两陛下在选妃问题上一直采取尽量不干预的态度，这次对藤森长官说："皇太子的想法优先，如何？"这样，宫内厅又将雅子的名字写上了候选妃的名单，并开始做工作。

日本皇室以往的皇太子妃都是贵族出身，即使美智子妃是平民，也是温文尔雅，大家闺秀型，而雅子虽然是高官的女儿，之后媒体也把她往淑女型上描写，但雅子精力充沛，爱好棒球、网球、滑雪、滑冰等体育活动，应该说，雅子在性格上更"自由奔放"。

我朋友对我说："我有一位同学是东京大学博士，现在某大学教授国际关系课程，雅子的父亲小田和恒曾是他的导师。他说雅子常常在大街上骑着摩托车飞跑，她这样的人进入皇宫是会受不了的。""雅子的父亲不愿意雅子进宫，但是因为是皇家，所以不好拒绝。"

　　据说，雅子在与皇太子未见面的五年时间，大概是心灰意冷了，也交过其他男朋友。而德仁皇太子并不在意，他虽然没有像他父亲明仁天皇那样对美智子一见钟情、穷追不舍，但只要中意，他依然坚守自己的原则。

　　宫内厅看到德仁皇太子只认定雅子，开始为两人的结合扫除障碍了。

　　首先，大法官团藤重光作为宫内厅参与（职务名称），对推进婚约起到很大作用，他主张："江头丰是水俣病问题凸显后，为其公司重建，从日本兴业银行进入新日本氮肥公司就任社长的，如果不重建，就无法向被害者做出补偿，江头丰对水俣病的发生没有法律上的责任。"另外，专写水俣病著作的作家石牟道子说道："（水俣病患者）更加祈望人们幸福。""水俣病成为障碍，太可怜了，不应该发生这样的事。"

　　其次，向外务省职员寻问雅子的情况，职员们说：雅子好像不想结婚；雅子对成为候选妃遭到媒体追踪仍心怀恐惧。这次，宫内厅与媒体签订了报道协定，从2月13日开始，为了不破坏皇太子与雅子的心情，能够实现两人牵手，媒体先暂停报道。

　　1992年4月27日，宫内厅召开了极密会议，以藤森宫内厅长官为首，次长、东宫大夫、侍从长及两位参与一致将小和田雅子作为最优先候选妃，开始计划让德仁皇太子与雅子再次见面，所谓"小和田雅子项目"开始启动。

藤森宫内厅长官原在厚生省工作，他绞尽脑汁搜索可以牵线的人，最后想到了原中曾根康弘内阁的外务省次官、内阁官房副长官柳谷谦介，他与小和田恒曾经一起打高尔夫等，关系密切。

柳谷谦介与小和田恒约好在酒店见面后，告诉小和田恒宫内厅正考虑将雅子作为皇太子的最优候选妃，德仁皇太子自己也想与雅子见面。小和田恒吃惊不已，他心情复杂地说："我以为是已经过去的事了。这个也许比较难，我先转达给女儿，想以她本人的想法优先，确认之后再回答您。"

小和田恒回到家后告之雅子，雅子吃了一惊，她说这不是轻易就能答应的事，而且工作很忙，需要时间考虑。

柳谷谦介 5 月底给小和田家打电话，小和田恒说没有得到雅子的反馈；之后，柳谷谦介又多次联系，外务省的人也捎话说皇太子的婚事对日本来说多么重要；也有人劝雅子的母亲优美子：只见一面也可以，喝喝茶给个说话的机会也好。

当时，雅子已经快 29 岁了，经常参加好友的婚礼，好友也劝她早点结婚，雅子开始心动。在日本，女子结婚前都要去料理学校学习，雅子也去了料理学校学习，周末就在家里做饭。应该说，雅子也有了要结婚的心理准备。

进入 6 月后，小和田恒给柳谷谦介打电话表示可以见面。由于德仁皇太子要到海外访问，只有 8 月 16 日那天有时间。这天，德仁皇太子和雅子在千代田区五番町柳谷谦介的亲戚家见了面，这是他们时隔五年后的再次相见，皇太子也已经 32 岁了。

但雅子仍然下不了决心。10 月 3 日，宫中亲信们煞费苦心地布置了一个极其秘密的约会地点——日本千叶县的新浜鸭场，只有德仁皇太子与雅子两人在场，德仁皇太子向雅子求婚："与我结婚如何？"但雅子回答说："不排除拒绝的可能，过几天正式答复您。"

雅子一直憧憬外交官的工作，又以实力闯过外交官考试难关，而婚后要辞掉来之不易的工作，特别是要嫁入规矩繁多、壁垒森严的日本皇室，雅子的彷徨可想而知。10 月中旬，不知如何回答，一直陷于苦恼中的雅子身体上出现了问题，没有去上班，休息了十天左右。而德仁皇太子也没有紧逼，他说："请安心考虑，直到内心认可为止。"他在等着雅子的正式回答。

实际上，日本的职场女性，即使能升职，也几乎很难做到课级（处长）以上，尤其是在外务省这样的官僚机构。尽管雅子非常优秀，因为是女性，并不会像人们想象的那样可以大展宏图。

虽然日本政府于 1986 年实施了《男女雇用机会均等法》，但女性参与的多数还是事务性工作。雅子刚入职外务省时，最先做的工作就是事务处理，同时学习法律和协定，还有就是为男性沏茶倒水。

这个我有切身体验，1991 年，我在日本某电视台研修时，没过几天，女职员们（包括女主播）就教我怎样沏茶、煮咖啡。男职员要喝咖啡，她们就告诉我煮咖啡的要领：先将过滤纸紧紧地卡在过滤器上，煮出的咖啡才好喝，然后用水沿着过滤纸的边线将咖啡浇透，20 秒后，再加入开水煮开。甚至包括给男职员送去时，杯子把儿要朝哪个方向，小勺怎样放他们才方便喝。第一天，我饶有兴趣，但觉得太浪费时间，就说：早上正是学习时间，沏茶、煮咖啡，太浪费时间了。女职员们瞪大眼睛惊讶地对我说："你在中国不做吗？"还好男职员们也会尊重我的想法，在我送咖啡时笑着对我说："对不起，浪费你的时间了。"

雅子在这方面应该也有所考虑，职场上很难有较大的成就，如果能进入皇室，经常可以接待外国首脑，或许更能发挥自己的外交才能。

雅子一直没有给皇太子回复，后来又到海外出差，但是她开始留长发，因为一旦要结婚，在进行神前结婚之仪时要梳成大垂发。

11月下旬，皇太子对苦恼中的雅子说："进入皇室会有各种不安和担心，雅子的事我会尽全力一生呵护。"12月9日是雅子的生日，德仁皇太子在0时比任何人都早地打去祝福电话，同时也对她坦陈自己的苦恼："真的能给你幸福吗？"德仁皇太子深知宫中关系复杂，也怕不能真正保护好雅子，后来的事实证明他的苦恼不是空穴来风。

1992年12月12日，雅子在东宫御所回复德仁皇太子了，她先问他："我真的合适吗？"当得到皇太子的肯定后，雅子说："我能接受的前提是，能让殿下幸福，我将来回想起来也能说度过了美好的人生，我想为这样的人生而努力……"

12月25日，德仁皇太子将雅子介绍给自己的父母明仁天皇和美智子皇后，四人一起畅谈。雅子在年末，将写有感谢养育之恩及决心走向新的人生的圣诞卡送给了自己的父母。

1993 年 1 月 19 日上午 8 点 30 分，皇室会议一致内定德仁皇太子与小和田雅子的婚约。出席会议者为三笠宫崇仁亲王夫妇、首相宫泽喜一、众参两院议长和副议长、最高法院院长、大法官、宫内厅长官藤森昭一。藤森首先介绍事先拍摄好的雅子写真和履历，然后，全体起立表示赞成这个婚姻，全程只用了 19 分钟。

会议结束后，藤森宫内厅长官在电视上宣布内定德仁皇太子与小和田雅子的婚约。日本又是一片欢腾的景象，雅子的母校田园调布双叶学园通过校内广播向学生传达雅子的婚约，女学生们高兴地跳起来，一边鼓掌，一边尖叫。

小和田家的故乡，新潟县村上市的人们在雪地上挥手喊着"万岁"；在东京的小和田家门前，人们喝着免费赠送的酒；在旁边的商业街，一家餐厅的老板摆上 5.5 千克的真鲷，记者都说头一次见到这么大的鲷鱼……

还有记者在街头采访，一个老太太说：高兴啊，（皇太子）老说还没有、没有的，终于迎来了。还有人说：娶了这么一位优秀的女子，皇太子殿下了不起；雅子漂亮、优雅、有修养，父母很棒，皇太子幸福。一位老年男性说：进入皇室会很辛苦，但还是要祝贺……

30 分钟后，TBS 电视台做了特别节目，直播了德仁皇太子与雅子的"内定"婚约记者见面会（在宫中进行"纳采之仪"，即送彩礼仪式之后才为正式婚约）。

雅子在记者见面会上说："我在思考过程中，几次被殿下打动心灵的话语感动。去年 11 月下旬，殿下说：'进入皇室会有各种不安和担心，雅子的事我会尽全力一生呵护。'这让我非常感动……我希望能使殿下幸福，也希望自己回首时，能说度过了美好的人生。"

同时，一位记者问德仁皇太子和雅子："想要几个孩子？"雅子低着头笑，德仁皇太子想了想说："这个，我只能说看鹳鸟的心情吧。"在日本，鹳鸟是上天赐子的象征。

30 多年前，美智子出席订婚发表记者见面会时，是只身一人面对记者。这次是德仁皇太子与雅子一同出席，在记者会上，皇太子不停地往雅子那里看，有人统计为 54 次，这在当时的日本成为热门话题。

之后，雅子的父母也在宫内厅的讲堂会见了记者，父亲小和田恒说："虽然一波三折，到了今天，得到大家的祝福并且接受，我们感慨万千，内心感到无比期待。"母亲优美子说："我作为母亲，也深深感谢皇太子殿下温暖、善良之心，我只希望在两陛下及各位皇族多方指导下，雅子能很好地负起这么一个重要的责任。"见面会的当天，雅子的父母及两个妹妹一同到宫中出席了晚餐会。当雅子及一家人回到家中时，他们充满了喜悦之情。

实际上，1993 年 1 月 6 日，由于美国《华盛顿邮报》披露了雅子被内定为皇太子妃的消息，宫内厅与日本媒体签订的报道协议也就自动失效了。当天晚上，日本媒体就齐上阵，在晚 8 点 45 分，所有电视台都将节目切换到内定皇太子妃的紧急特别节目上，全日本 24 个新闻社都发了号外。第二天的早刊、综艺节目等，都是一片祝福声。

2 月，雅子辞掉外务省的工作，她在外务省工作了五年零十个月（除去在牛津大学留学期间是四年），至此，她结束了自己的职业生涯。

历经七年，一波三折，德仁皇太子漫长的等待终于尘埃落定了。

『新时代皇室的象征』

在雅子妃之前，皇太子妃都是婚前没有过工作的人，雅子是第一位以职业女性身份嫁入皇室的，社会上就有了一种说法：雅子妃是"新时代皇室的象征"。

前面提到的渡边女士对前侍从长滨尾实说："当我坐在从伦敦飞往成田机场的飞机上打开报纸时，头条上那张背着大包的'小和田雅子'的照片一下子映入我的眼帘，当时就感到'皇室又走在时代前面了'。她和我们一样，为上司服务，拿工资和奖金，很高兴与我们有同等体验的人进入皇室，至少与我们的距离缩小了。"

而滨尾实说："我赞成你的说法，但是，考虑到宫内厅的组织结构，想做而不能做的事情太多了，因此，我感到雅子会很辛苦。"滨尾实说的是大实话，宫中充满了繁文缛节。

德仁皇太子与雅子内定婚约后，雅子的日常行动及与皇太子的联系都要由东宫侍从进行管理，包括配备护卫，购买准备结婚用的物品等，就连雅子给友人写信等，也得经过东宫侍从的审查。

一位宫内厅干部也说："菊花（皇室的象征）幕后，不只要恪守传统，遵守惯例，还要处理复杂的人际关系，雅子率直的性格不产生冲突就好了……"

德仁皇太子与雅子的订婚记者见面会刚刚结束，宫内厅就挑出了雅子说话的毛病，认为雅子说皇太子是"人間的にできた方"（品格好）和"私の言葉でに言わせていただければ"（用我自己的话来说）这两句话太失礼了——前句只有父母对孩子、老师对学生评价时才能用，后一句就更过分了，皇太子在身边，雅子怎么能用自己的话来说呢？挑毛病只是开始，之后更会变本加厉。

不过，德仁皇太子完全沉浸在幸福之中，在1993年的宫中"歌会始之仪"（新春例行宫中活动。歌，指和歌）上，将自己作的有关"鹤"的和歌配上曲子，兴奋地唱的第一句就是："我的梦实现了……"这是他看到鹤群在飞翔时有感而发，鹤这种动物，从生物学角度上说，一旦成为夫妇，就不离不弃。鹤是候鸟，飞到西伯利亚，一起育儿，一起做巢。可见，皇太子下定决心要一生保护雅子，对她不离不弃。

记者见面会后的第19天，两人再次见面，在雅子提议下共进晚餐，之后，两人一发不可收拾，在结婚前约会了40次。

雅子的着装也随之改变，之前总是穿着军用防水式的大衣，手持大公文包，看上去是与男性为伍的职业女性。内定婚约后，雅子就换上了德国的名牌大衣，穿上华丽时装，肩背时尚女包，戴着珍珠项链及手镯等，有人说雅子"像换了一个人一样"。在媒体追踪报道时，雅子对围堵的记者也客气地以微笑回之。

德仁皇太子对记者说："我们是在没有警备的情况下约会，这是史无前例的做法，我也没有想到，我对雅子是全身心地投入，赌上一生。虽然是无防备状态，但我认为十分有价值。"

滨尾实也说："雅子几乎隔三天就来东宫御所，美智子那时只是偶尔来一下。两陛下（明仁天皇和美智子皇后）在订婚时也没有一起乘车出去过，现在他们这样做，谁也不觉得奇怪，毕竟已经订婚了。"

德仁皇太子与雅子一起打网球、赏花、听音乐会，有时一天超过 12 个小时。皇太子在 33 岁生日记者会上说："打电话是可以，但没有比两人见面更好的了，总之，见了面就忘了时间，和她在一起很快乐，雅子给我讲了许多我之前不知道的非常有趣的事。"

据报道，德仁皇太子平常自己用晚餐只用 20 分钟，但与雅子在一起时间就长了，开始还克制着不出声，到后来就能听到两人难以抑制的笑声。此外，在圣诞节、情人节时还互送礼物，完全是西式生活。

1993 年 4 月 12 日，皇室举行了"纳采之仪"（送彩礼）。4 月 17 日，小和田家到新潟县新潟市的泉性寺给先祖扫墓并汇报结婚事宜。5 月 15 日，一家人去箱根旅游住了一夜，这是雅子的最后一次家族旅行。

结婚前，雅子将身边物品及首饰等送给家人和保姆，在给父亲的卡片上写道："谢谢您的长期照顾，心里难过写不出什么，对不起。"

1993 年 6 月 9 日，是德仁皇太子与雅子的结婚之仪。当天早晨 6 时 30 分，皇太子的东宫侍从长和东宫女官长到小和田邸迎接雅子，母亲优美子对雅子说："注意身体，希望你能为国家努力工作。"报道记者聚集了400多人，雅子在父母及双胞胎妹妹之后现身，为了与皇太子身高匹配，穿上了4厘米高的高跟鞋（之前是7厘米），始终微笑着与家人及友人告别，与34年前抑制着泪水与双亲惜别的美智子形成明显的对照。

雅子到了皇居后，进入洁斋所洗浴，再依据传统换上平安（时代）装束的正装。上午10时5分，在能听到雨声的宫中贤所的东回廊里，德仁皇太子穿着皇太子御用的被称为破晓太阳色的黄丹袍，戴着垂缨之冠，手持笏板出现了。紧接着是雅子，穿着14千克重的日本传统服装"十二单衣"，绣有栀子花的绿色唐衣下，是薄黄色的上衣，金黄色、白色、青色等不同色彩的五层衣，头发结成大垂发，手中拿着古式典雅的丝柏骨的扇子（古时公卿用的）。

两人升殿到宫中三殿的贤所，各自坐在0.8平方米左右的榻榻米上，皇太子向尽深处的八咫镜献上玉串，四次起坐行拜礼，即"两段再拜"，雅子坐着行拜礼。皇太子念奉告结婚的告文，在神前献上玉串，所谓"神前结婚式"，祈求神的保护。这套仪式来自《古事记》中的神话传说，日本最早举行结婚仪式的是皇祖神天照大神的父母伊邪那岐命和伊邪那美命。

雅子退出贤所成为"雅子妃"，秋筱宫文仁亲王夫妇作为皇族代表向德仁皇太子和雅子妃行了拜礼，整个仪式中一直伴有神乐歌。共812人在贤所的前庭"幄舍"参列，雅子的母亲及两个妹妹用手帕擦着眼泪观看了仪式。

之后，他们走到贤所外阵，从掌典长处取下神酒，最后再拜一下结束，用时 15 分钟，然后，再用 10 分钟，到皇灵殿和神殿行拜礼。

下午 3 时，德仁皇太子和雅子妃作为新婚夫妇在正殿的松之间，向明仁天皇和美智子皇后两陛下问安，行"朝见之仪"。

老天也像是在祝福这对新人，下午时雨一下子停了。德仁皇太子与雅子妃各自换上西式礼服，雅子妃的礼服是由日本著名服装设计师森英惠设计的。下午 4 时 45 分，他们乘上 1991 年出产的英国劳斯莱斯敞篷轿车，在奏乐声中缓缓前行，一边向沿街的民众问候，一边驶向自己的御所，刚到二重桥时，天空晴朗起来。

雅子妃戴着王冠，穿着白色礼服，向沿街的民众招手。民众挥舞着日本国旗，欢呼声一浪接着一浪，从皇居到东宫御所之间共计 4.25 千米，大约有 19 万人拥到道路两旁。未满 30 岁的雅子见到这阵势，激动得眼中饱含泪水，用戴着白手套的手擦拭着眼角。作为女性，一生中最难忘的时刻如此辉煌，应算不负此生了。

傍晚 6 时，举行"供膳之仪"，即在仪式用的盘子里放上料理和酒，将筷子竖立在上面（形式上模仿吃饭）。晚上 9 时，以祝福子孙繁荣，将以妃子年龄数做成的饼放在四个银盘上，再将银盘放入盒内，在寝室里放上三天，此乃"三个夜饼之仪"，也标志着这一天的活动结束了。可见，从结婚那天起，生子就是皇太子妃进入皇宫的首要任务，也是皇室最重要的传统。

日本电视台因转播这场婚礼创下了 79.9% 的最高收视纪录，政府在这一天专门让全体国民放假。由于雅子的爱车是丰田卡罗拉 II，因此在 20 世纪 90 年代，此款车销售暴增。

按照皇室规定，德仁皇太子与雅子妃没有举行一般意义上的新婚旅行，为了向皇祖皇宗奉告结婚之仪，他们需要到日本中部三重县的伊势神宫（祭祀皇祖神天照大神）、神武天皇（日本第一代天皇）陵参拜，再回到东京去武藏陵（昭和天皇陵墓）奉告。这是一个非常庄严的"仪式"，到了伊势神宫时，夫妇二人分别进入"みそぎ"（祓濯）清净身体，再做参拜。同年6月17日，皇太子妃雅子的名字记入皇统谱。

两人结婚后，东宫御所增加了女官，东宫职员将近50人。雅子妃的日程，包括个人私事，如与友人见面都要通过东宫侍从。而且，根据宫内厅的组织结构，雅子妃不能自由地与德仁皇太子取得联系，她把需要告诉侍从，皇太子认为可以再由侍从转告给她。2011年，"3·11"东日本大地震时，雅子妃与爱子在一个房间里，爱子害怕，喊她的父亲，但是德仁皇太子却听不见，最后还是因为自己担心雅子母女跑过来的。

德仁皇太子与雅子结婚后，美智子皇后很关心雅子妃，因为自己是平民，进入宫中经受了许多磨难，她不想让雅子妃再受她当年那么多的苦。不仅刚订婚就请她的父母、两个妹妹到皇宫一起共进晚餐，结婚后也请她的家人参加皇室的家庭聚会，美智子皇后还将良子皇后传给她的7克拉红宝石钻戒送给雅子妃。

雅子妃结婚后第65天，与德仁皇太子一起回娘家看望。美智子妃时，是第17天回的娘家，纪子妃是第12天回娘家，可见，雅子妃的公务日程排得很紧密，她是一个"工作狂"。这天，小和田恒抱着雅子妃曾经的爱犬与优美子一起出来迎接，当请皇太子夫妇进家门时，他的一只手刚要放在雅子妃的背后，瞬间又缩回去了，因为雅子妃已经不是他的女儿，而是皇太子妃了。

雅子妃——可爱的「打盹」

雅子妃在结婚后的几年，生活还是比较幸福的。雅子妃天性认真、好学，曾将美智子皇后接受妃教育时的书读了一遍，有关皇室的历史及思维方式的书也读了许多，遇到不明白的问题，就在与德仁皇太子见面时请教……

虽然雅子是现代派皇妃，宫中也经常挑她的毛病，但德仁皇太子对她悉心呵护，她毕竟是美国哈佛大学毕业，又曾做过外交官，有一定的见识和修养，再加上皇后美智子不像香淳皇后那样横挑鼻子竖挑眼，大家就把雅子妃的毛病当作一些不愉快的插曲而已。

当初德仁皇太子与雅子在鸭场见面时，雅子本来按照皇室礼节跟在皇太子后边，并保持三步的距离，但皇太子却让她与自己并肩而行，之后也打破皇室常规，不带警备与她见面……这些或许给了本来就是自由派的雅子妃某种错觉。

刚结婚时，雅子妃陪同德仁皇太子第一次执行地方公务，去的是岩手县盛冈市，出席"第29次推进献血运动全国大会"。这次日程安排得很紧，第一天，听知事介绍县（省）里情况，去8千米外的红十字医院看望新生儿，再到红十字血液中心；第二天，出席"第29次推进献血运动全国大会"，由于领导们致辞持续了很长时间，雅子妃不知不觉睡着了。

结果，《女性周刊》以《雅子妃——可爱的"打盹"！》为题报道出来，东宫职员赶紧出来灭火，对媒体说："因为灯太亮，其实只是眯着眼。"但宫内厅职员还是说："结婚时间不长，还没有妃殿下的意识。"

结婚一个月后的7月8日，雅子妃出席了东京峰会，表情略带紧张，但微笑着与各国元首相互问候。当时，纪子妃一直乖巧地陪伴在秋筱宫文仁亲王身边，而雅子妃有时离开皇太子，不通过翻译与外国首脑交谈。

晚上8点半，在皇宫丰明殿举办晚餐会，雅子妃坐在美国总统克林顿与俄国总统叶利钦中间，分别用英语、俄语与他们交谈，日本国民为她感到骄傲。

然而，宫内厅依照规定，认为这不是皇太子夫妇主办的宴会，妃殿下不用翻译直接与外国总统交谈不合乎礼节。在天皇、皇后陛下举办的国宾活动中，比皇太子殿下说得都多，她应该节制一些。

7月27日至29日，雅子妃陪同德仁皇太子到山口县访问，出席"第35次自然公园大会"仪式，当主持仪式的人说"请大家全体起立"时，在皇家包厢席就座的雅子妃噌的一下站了起来。但按照皇家传统，应该是在会场的人都站起来后，雅子妃才能与德仁皇太子一起站起来。当时雅子妃看到德仁皇太子还坐在座位上，她又马上坐下了。日本国民知道后只是笑笑，善意地接受，而宫内厅的人又说："没觉悟……"

　　还有一次联合记者会上，雅子妃说起她的计划和抱负，讲了9分37秒，比德仁皇太子多说了28秒，按照皇室的礼仪规定，她说话的时长只能是德仁皇太子的一半。宫内厅就给雅子妃下了禁口令，之后两三年，雅子妃几乎没有在公开场合讲话了。

　　这不禁让人想起前两年在中国轰动一时的网上热播剧《延禧攻略》，其中有一幕是：刚刚嫁入宫中的富察皇后本是一位贤淑得体的女性，只因跟着乾隆皇帝拜见太后时，比皇帝多说了一句话，便被太后怒斥罚跪。现在已经是21世纪了，日本皇室仍沿袭着中国古代宫廷的规矩，可见，日本虽然接受了西方民主主义思想，但皇宫中许多方面仍然给人们一种"与世隔离"的幻觉。

　　第二年（1994年）11月，雅子妃陪同德仁皇太子到沙特阿拉伯、阿曼、卡塔尔、巴林等国访问。1995年1月，雅子妃又陪同德仁皇太子到挪威、阿拉伯联合酋长国及约旦访问。

　　1996年5月，美国《新闻周刊》报道说："日本雅子妃在传统皇室中不能发挥作用。"于是，同年12月，宫中安排了雅子妃单独在她的生日记者见面会上会见记者。

　　德仁皇太子也很用心，雅子妃单独会见，可以让她畅所欲言，从而避免宫内厅再挑剔雅子妃比皇太子说得多。雅子妃毕竟从事过外交官的工作，学识丰富，第一次单独记者见面会原本规定为15分钟，但延长到近30分钟。直到2002年，雅子妃共单独会见记者6次。

雅子妃单独会见记者的那几年，还是能看到她充满喜悦的，她经常说被每一个新的体验所感动，迎接来自海外客人的机会很多，天皇、皇后和皇太子对她体贴、悉心照顾等。

1998 年，在雅子妃的生日记者见面会上，记者问她："两殿下夫妇圆满的秘诀是什么？夫妇吵架时，怎样和好？"

雅子妃答道："皇太子总是用非常宽容的心温暖地守护我，我们有共同关心的话题，对所有的事都进行深入交流。关于夫妇吵架的问题，给你们的答案或许不如你们意，我们之间基本上没有需要和好的吵架，只要感到让对方不快时，就会坦诚地向对方道歉。现在有狗在身边，狗对夫妻关系很有帮助。经常说'夫婦喧嘩は犬も食わぬ'（日本谚语：夫妻吵架不用管。犬：狗），有一种吵架的种子常让狗捡起来吃了的感觉。"

雅子妃在皇室所处的环境比美智子妃的时候好得多，她的一些举动虽然没有那么符合宫中惯例，常有叱责她的声音，但没有美智子妃时那么激烈。雅子妃毕竟出身高级官僚家庭，她的经历、视野及思维方式都更让人信服，宫内厅有时也无可奈何。

就连从宫中来看，雅子妃作为皇太子妃，最重要的是要为皇室生下子嗣，为天皇家延续后代的问题，宫内厅都尊重皇太子和雅子妃顺其自然的想法。

雅子妃与德仁皇太子结婚时近 30 岁，前面也提到了，在订婚记者见面会上就有记者问他们："想要几个孩子？"德仁皇太子说："要看鹳鸟的心情。"当时在一旁的雅子还说了这样一句话："只是这个不用问殿下，殿下说想要生出一个军乐团的孩子。"这句话成了记者见面会的高潮，说明雅子妃有生孩子的意识，就想顺其自然看鹳鸟的心情。

皇室成员执行公务，一般是由举办地或团体申请，然后由宫内厅或东宫职员根据内容和日程来确定。当有申请德仁皇太子和雅子妃出席时，宫内厅会直接把申请交给东宫来办理，东宫职员会把申请的内容向皇太子传达，几乎没有皇太子夫妇主动要求执行什么公务的情况，也就是说，对于皇族来说，执行公务完全是被动的，甚至休息、上厕所的时间都有严格的规定，而且，日程安排得非常紧密。

参加过日方安排活动的人都会有所体验，日本人以忙为荣，即使可以安排休息时间，也要弄得烦琐，得把日程填满。我在日本学习期间，在东京、横滨有一周的参观考察学习期，大家住在横滨，按我们的思路，东京都内的参观项目集中在一起是很自然的事情，但日本人安排的话，偏要上午去东京，下午回横滨，反反复复，东京的交通比较拥挤，这样既耽误了时间，也搞得身心俱疲。

由于雅子妃当时颇有人气，申请多得让东宫都无法安排，她每天陪同德仁皇太子疲于奔命，行程中雅子妃还得常换衣服，甚至酷暑之时，大汗淋漓也不能擦汗，负担之重可想而知。毕竟雅子妃是近30岁的女性了，怀孕没有宽松的生理调整期很难做到。良子妃（昭和天皇妻子）生第一胎时是22岁，美智子妃和纪子妃生第一胎时都是25岁。

德仁皇太子与雅子妃结婚三年后，雅子妃的肚子还没有动静，东宫就减少了雅子妃的公务活动，让她静养，可仍然没有怀孕的迹象。这时就出现了嘈杂的声音，民间批评她不怎么执行公务，宫内充斥着她的思想有问题，没有认识到生子嗣的重要性等言论。

这时，雅子妃与明仁天皇、美智子皇后之间也出现了龃龉。据宫内厅的干部说，一天，明仁天皇对雅子妃说："国民都在盼着你的孩子呢。"雅子妃毅然地回应说："我周围没有一个人说这种话。"明仁天皇当时大吃一惊，目瞪口呆。

宫中其他皇族陆续出国访问，而雅子妃从结婚到第四年只出去过两次，这对于一直憧憬在外交上大显身手的她来说，内心压抑不言而喻。当然，皇室首先考虑的是皇位继承人的问题，各自立场不同，一时就成了不可调和的矛盾，随之，德仁皇太子与雅子妃在宫中越来越被孤立。

雅子妃结婚前，在日本接受教育的时间是九年零四个月，在海外接受教育的时间是九年，这其中大多数时间是在美国。

美国人从小接受的是快乐教育，强调个性与自信，而日本人从小受到的教育是同一性，就是要照顾别人的情绪，随大溜，强调没有个性是美德，日本皇室成员更是有"灭私"的传统，一言一行都要考虑国民的感受。可以说，雅子妃必须得从一个自由的文化环境切换到最保守的文化环境中。

生了皇女还是没完成任务

大概雅子妃自己也没有想到，压倒她的最后一根稻草竟然是没能生下皇子。

德仁皇太子的弟弟秋筱宫文仁亲王与纪子于 1990 年结婚，纪子妃 1991 年生下女儿真子，1994 年又生下女儿佳子，明仁天皇一个皇孙也没看到。

德仁皇太子与雅子妃结婚后的五年间，宫内厅尊重皇太子与雅子妃顺其自然的想法，但宫中总有闲言碎语，日本国民更是相当关注，雅子妃私底下也开始注意调理身体了，据说人瘦了容易怀孕，雅子妃就在饮食上以蔬菜为主，还加强运动，周末与皇太子打网球锻炼身体等。

1998 年 7 月 15 日，德仁皇太子与雅子妃为了出席"第 34 次推动献血运动全国大会"到福岛县访问，顺便访问了 4 月刚刚成立的护士学部，因为福岛县立医大的佐藤章教授是最早在日本进行体外受精教授的爱徒。这样，宫内厅心领神会，私下与皇太子夫妇达成默契，第六年，宫内厅开始积极介入皇太子妃怀孕的事情了。

同年 8 月初，宫内厅医师团提出了一套完整的包括体检在内的治疗方案，并且以德仁皇太子和雅子妃能接受的方式向他们说明。皇太子也感到形势迫切，同意请东京大学名誉教授坂元正一为主治医师、宫内厅医院临时医师堤治东大教授组成的医疗团队，从秋天开始介入治疗。

1999 年 12 月，德仁皇太子与雅子妃正准备去德国访问，但雅子妃的身体好像发生了变化，医生检查说难以确定是否怀孕，但还是取消了去德国的访问。紧接着是两人访问比利时的计划，由于皇太子与比利时王子的关系很好，而且，王子直接打来电话说："希望一定来参加我们的结婚庆典。"刚取消了对德国的访问，不好再次变卦，再加上雅子妃是否怀孕一时难以确定，于是，12 月 3 日，德仁皇太子与雅子妃还是开启了赴比利时的行程。

但 12 月 7 日，当德仁皇太子夫妇从比利时回国后，雅子妃的孕检显示阳性。12 月 10 日，宫内厅就有人泄露了雅子妃怀孕的消息。媒体即刻大肆报道，包括雅子妃那天在哪儿过的夜，甚至查明他们所住酒店的大双人床是什么样子，连雅子妃的基础体温及尿检的信息都密集地被报道出来。由于雅子妃压力太大，三周后，宫内厅在记者见面会上发布"雅子妃流产了，胎儿只有七周大"。

雅子妃流产后，40 多天没有出现在公共场合，也没有参加良子皇太后的葬礼，以及歌会始之仪等。

2000 年 2 月，雅子妃恢复了公务活动，不过，笑容勉强，眼袋很明显，记者招待会上面容憔悴至极。雅子妃本身喜欢孩子，结婚前还帮朋友照顾过小孩儿，流产一事想必对她打击很大。

2月21日，皇太子在40岁生日前的记者见面会上也表情严肃地说："在医学判断还不确定的阶段进行报道，将个人隐私或者不实内容大肆报道，我实在感到遗憾。在这个过程之中雅子非常坚强，听说感到困惑的国民也很多，希望今后在报道性质的处理上能够慎重考虑。"

不过，这下可急坏了日本朝野，特别是皇室，不能后继无人呀，民间有些人也开始风言风语，说雅子妃身体不行，甚至有人开始算命。我认识的一位日本老太太就跟我说："我给她算了一命，好像生不了孩子。"

2001年3月，宫内厅又组成了新的医师团对雅子妃进行治疗，堤治教授成为东宫御用医师，他在美国留过学，专治不孕症，是通过微创治疗不孕的专家，而且，是一位稳重嘴严的医生。

4月16日夜间，宫内厅突然发表了雅子妃怀孕的消息，这次皇宫上下无不关切，雅子妃的一切公务活动都取消了。明仁天皇说："太好了，多保重！"美智子皇后说："真好啊，请珍重！"连永田町（日本政府所在地）也躁动起来了：要是男孩的话，维持现有制度，要是女孩的话，皇统危机就成为一个要提上日程的问题，不得不修改《皇室典范》等。

皇室在东宫御所为怀孕9个月的雅子妃举行了传统的"系带仪式"。按照日本皇室的传统，在皇族妃怀孕第九个月的"戌日"要举行祈祷安产的仪式，仪式分"进献御带""着带奉告"和"着带仪式"三个部分，仪式结束后，雅子妃佩戴上由明仁天皇赠送的祈祷安产的丝绸腰带。雅子妃从初次去医院做检查到孩子出生，德仁皇太子每次都陪伴在她的身边，这在皇室的历史上是绝无仅有的。

2001年12月1日，马上38岁的雅子妃在宫内厅医院诞下了一位公主，她激动得流出眼泪，在记者见面会上说："让我生下了孩子，谢谢！"

雅子妃的母亲在女儿生产的前一天去了医院，孩子出生后，父亲小和田恒马上赶到医院。第二天，天皇、皇后来到宫内厅医院看望雅子妃，皇后说："是个健康的宝宝啊！"天皇难掩喜悦地说："真是太好了！"

雅子妃本想自己给女儿起名，但这不符合宫中惯例。2001年12月7日，宫中举行命名之仪，宫内厅对外宣布，德仁皇太子与雅子妃的长女，宫号为敬宫，名字为爱子，即敬宫爱子。"敬"和"爱"出典于中国古籍《孟子·离娄章句下》："仁者爱人，有礼者敬人。爱人者，人恒爱之；敬人者，人恒敬之。"

皇太子妃怀孕也为拉动日本经济做出了贡献。雅子妃临产前一个月，商家就开始绞尽脑汁：皇家婴儿套装出现了，模仿雅子怀孕的人形玩偶也摆上了柜台（这种玩偶等孩子出生后，只要一上弦就又恢复成苗条的漂亮女性），其他婴儿用品更是源源不断地涌现出来。

当时，日本社会出现了很多想借这个机会带动经济复苏的想法。一位专家说，如果每人消费现在持有的个人资产的1%，就能有14亿日元。从另一个侧面也可以看出，日本国民的经济实力状况。

30多年前，德仁亲王提的书包，日本人称"なるちゃんバッ

グ"，曾风靡日本，小学生们上学时，都提着同样的包。据调查，那年日本的消费指数一下子增长了 13% 以上。

雅子妃刚生下孩子，她父母家一带的商品街生意就兴隆了起来，大家排长队买花，买糕点、水果等，只一个小时商品全部售罄。为了能薄利多销，婴儿服装也趁势降价。当时，与育儿有关的股票也连日上涨。

与社会上的欢庆气氛相反，皇宫内是另一番景象。《皇室典范》规定只有男性才能继承皇位。据一位宫内厅干部说："早在雅子妃怀孕 5 个月被查出是公主时，宫内厅就开始期待有亲王（男孩）诞生，在孩子出生之前就嚷嚷着期待雅子妃生二胎。因为如果承认女性天皇，就得修改《皇室典范》，两陛下也面带难色。"

因此，雅子妃虽然生了女儿爱子，但在宫内仍然一味地充斥着"事态没有任何进展"的气氛，也就是说，雅子妃还没有完成任务。

但雅子妃生下女儿的第二年，皇太子夫妇准备到新西兰和澳大利亚访问，在临行前的记者见面会上，雅子妃直言不讳地说："我结婚前频繁出国，已成为我生活的一部分。六年间很难能去国外访问，说实话，我适应这种状况需要很大的努力。"皇太子也随后说："我想，如果今后能两人一起更频繁地出访就好了。"

此话一说，风波再起，媒体上议论："那么想去国外吗？"宫内厅更是感到困惑，在德仁皇太子夫妇出访不在国内的日子，宫内厅汤浅利夫长官在例行记者见面会上说："说实话，对皇太子夫妇那么想去国外访问感到震惊！积极推进外国访问是比较难的，延续后代绝不是小事，医师也建议，应该安排比较轻松的国内旅行以宜静养。如果从事务当局的立场来看，请理解这样的安排。"也就是明确表明了宫内厅控制皇太子夫妇海外访问是与繁衍后代有关。

雅子妃回国后知道了宫内厅长官的发言，开始揣测长官发言的背景，她认为这不只是长官个人的想法，而是反映天皇陛下的意志。

也就在此时，70岁的明仁天皇被证实患了前列腺癌，癌细胞没有转移，做手术后，根治的可能性很大。据专家说，明仁天皇非常忧虑会在自己不清楚皇室血脉是否可以延续的情况下离世，一直想要抱个皇孙。

日本皇室没有过改朝换代，是世世代代靠血脉延续下来的。2012年，明仁天皇在做心脏手术时，用自己的血输血，所谓外人的血不能注入天皇体内，要保持"万世一系"的天皇血脉的纯洁性。因此，日本人常常自豪地说："日本天皇家是世界上独一无二最长寿的，至今已第126代（德仁天皇）。"

虽然日本古代有女天皇，但都只是一代，她们的孩子并没有继承皇位。古代天皇不是一夫一妻制，类似中国皇帝都有"三宫六院"，因此，不愁缺少男孩继承皇位。但是，日本从大正天皇开始实行一夫一妻制，"二战"后，盟军司令部又将除昭和天皇直系亲属外的皇族贬为平民，因此，皇太子妃能否生出男孩，已事关日本皇室能不能延续的根本。原宫内厅干部说："汤浅长官期待皇太子夫妇早日生出亲王，让两陛下能够安心，生完二胎后再去海外访问不是也很好吗？"

据说，皇太子夫妇与医师商量过，考虑生二胎的问题。麻烦的是，深得皇太子夫妇信赖、治疗不孕症的堤治教授因将研究费用的一部分用于他途，受到东京大学的处分，他向东宫辞职了。

在德仁皇太子和雅子妃结婚10周年（2003年）的记者见面会上，关于二胎的问题，皇太子说："我们想先精心培养爱子，今后一定要避开'直到生出一个亲王来'这样来自内外的压力，在这点上，请大家多多理解。"雅子妃说："此时，我认为公务当然也很重要，但我也听说，对孩子来说，人生最初几年是非常重要的时期，守着爱子成长、育儿，对于母亲来说是最宝贵的。"

十天后，宫内厅汤浅利夫长官就在例行记者见面会上说："还是想再要一个……""许多国民不也是这么想的吗？"这时皇太子43岁，雅子妃近40岁了。

未怀『二胎』引风波

由于雅子妃没能生出亲王，且难以生二胎，宫中风波不断。

2003 年 10 月 15 日，墨西哥总统埃内斯托·塞迪略夫妇作为国宾来到皇宫出席宫中晚宴。首先在"松风之间"，天皇、皇后按照顺序向他们介绍皇族成员，先介绍穿着燕尾服的德仁皇太子，之后是穿着晚礼服的雅子妃。墨西哥总统向雅子妃伸出手，但介绍旁边的纪子妃时，总统的手在空中悬了一下就前往纪子妃处，并与她交谈了她父亲的研究领域。

雅子妃内心受到极大的打击，晚宴在丰明殿举行，雅子妃几乎没吃什么东西，之后 11 年间没有再出席晚餐会。

雅子妃此时身体发生变化，常常出现疲劳、早上起不来、突然头疼、失眠做噩梦等症状，向医师问诊后，东宫医生说难以断定是病，也可能是因为公务过密导致的心理问题，不到治疗阶段。

2003 年 12 月 2 日，雅子妃得了带状疱疹，只治疗了四天就出院了，还没有完全康复。 12 月 11 日，宫内厅汤浅利夫长官在例行记者见面会上说："秋筱宫考虑到皇室的繁荣，也有希望能生第三胎的想法。"

汤浅长官的"第三子发言"后，包括两位内亲王在内的秋筱宫一家在日本的曝光率大增。雅子妃感觉被抛弃了，长官的发言击垮了她之前的自信与骄傲。精神科医生片田珠美说，这个（汤浅长官）发言将雅子妃逼到了绝境。

雅子妃采取了逃避的态度，深居简出，大概"哀莫大于心死"，她似乎放弃了身为太子妃的职责。2004 年 1 月 9 日，进入休养一个月的雅子妃发表了表达她心情的文书："心里难受，这段时间努力休养身心，我想将身体恢复好应该是我目前的工作。"

第二天，宫内厅宣布 41 岁的雅子妃得了"适应障碍症"，按日本媒体的说法就是抑郁症，雅子妃从此进入长期休养状态，不再在公开场合露面长达 11 年之久，慢慢地从公众视野里消失了。

人最难面对的是巨大的精神压力，雅子妃在生二胎的巨大压力下，一时间脾气变了，有人说，雅子妃变得口气强硬，与平日的做派不一样了，好像性格变了。遇到事就生气、伤感，像是被什么追着似的。

雅子妃常常失眠，生活规律全都打破了。宫中女官讲雅子妃的作息时间是典型的"夜猫子"，一家三口都不能聚在一起吃早餐，当然，也不能与德仁皇太子一起出席公务活动。经常是德仁皇太子带着爱子去幼儿园，被宫中人戏称"又当爹来又当妈"。不过，当年明仁天皇也亲自送过皇太子上学，这也是言传身教……

德仁皇太子始终站在妻子这边。2004 年 5 月 10 日，德仁皇太子受邀参加丹麦腓特烈王储和玛丽王妃的婚礼，在例行记者见面会上，记者问为何雅子妃取消了行程，德仁皇太子公开违反皇室惯例，愤怒地说："我从心底感到遗憾！雅子辞去外交官工作进入皇室，一直想作为皇族对国际亲善发挥桥梁作用，但总不允许她去外国访问，她非常苦恼。这十年来，雅子在努力地适应皇室的环境'让自己筋疲力尽'，有对她的经历和人格做出否定的动向是事实。"在日本，这个被称为"人格否定发言"。

于是，有记者又问皇太子"这话是基于什么考虑的？"皇太子说："细节就不说了，我和雅子都很苦恼。"

德仁皇太子的发言引起日本社会哗然，民众开始对雅子表示同情，认为应以德仁皇太子和雅子妃的幸福为重。宫内厅成为众矢之的，5月17日，羽毛田次长在记者会上表达了天皇陛下的心情："（皇太子）这个发言社会影响很大，不再次说明具体内容，国民会担心。"

同年6月8日，德仁皇太子从欧洲访问回来，东宫大夫在德仁皇太子写"说明文"前，曾打电话试探皇太子发言的内容，当时是雅子妃接的电话，对东宫大夫说："要做那样的事（治疗不孕症），我就不当皇太子妃了。"说完就把电话挂了，并对旁边的皇太子说："我说清楚了！"

当天，德仁皇太子通过宫内厅长官用文书的形式说明之前发言的意图："有关具体内容，公开特定对象无益，想向大家传达的是，我们一直面临的状况和今后将要面临的问题。"

可见，德仁皇太子是一位"宠妻狂"，既然婚前许下诺言"一生呵护"，当然在国民面前不能食言。

德仁皇太子没有具体点名，只是反复强调他和雅子妃的处境，这更引起了社会上的混乱，人们纷纷猜测，这到底是针对谁说的？是指从结婚那天开始，就被制造"与外访相比传宗接代更重要"气氛的宫内厅？创造出这种气氛的是两陛下，特别是皇后急切的心情？这些疑问在记者会中广泛传播。

明仁天皇在同年 12 月 23 日生日之际，以文书的形式回答记者问时说："以皇太子在记者会上的发言为契机，兴起了不实言论，我在许多日子里心情沉重。"

日本皇宫的组织机构许多还像中国古代皇家一样，甚至更严格。天皇与家人除聚餐外，与皇太子日常交流的机会都很少，当天皇与皇太子或秋筱宫谈论什么事情时，还要有宫内厅长官在场，因此，下面的人将陛下与殿下的话传来传去，再加点个人色彩，就变味了。

这也是日本的国民性，忠实于自己所在的集团。在皇宫，是天皇的侍从，就时刻为天皇、皇后着想，是东宫侍从，就时刻为皇太子夫妇着想，再加上在宫中沟通不畅，真相常常扑朔迷离。

2010 年 2 月下旬，上学习院小学二年级的爱子因为发烧没有去学校，治疗后，中村医师问爱子要不要去上学，爱子说："去学校没有食欲，供餐不能全部吃完，剩下会添麻烦，今天不去学校了。"皇太子夫妇听到后大吃一惊，但没有立即询问爱子是怎么回事。

几天后，皇太子夫妇爱怜地问爱子："害怕去学校？"原来，有淘气的男孩子在爱子耳边大声威胁，说"你这个家伙"。前一年，夫妇俩曾听到爱子说过这话，但孩子所在的学校出现这种状况是常有的事（日本学校"いじめ"，即欺负现象很严重），因为有老师管理，就没太放在心上。但这年年初，爱子的头被按到鞋箱里，在老师不在的吃饭时间里，淘气孩子的行动更加过激。雅子妃看到每天看似高兴地去学校实际上内心痛苦的爱子，不禁抱着她流下了眼泪。

学校方进行了调查，宣布的结果是：同年级别班淘气的孩子，欺负包括敬宫在内的其他孩子。然而，学校发布这个结果的两个半小时后，学校的常务理事却在记者见面会上说："没听说有对爱子的直接暴力行为或欺负她的事情。"但承认有几名男生扔鞋，在教室里大声喧哗等。可见，学习院内的关系复杂。爱子不是受到强烈的骚扰，是不会轻易不上学的。

爱子五天没有上学，称为"不登校（上学）骚动"。从 3 月 8 日开始，雅子妃陪爱子上学，每天上一小时的课，雅子妃或坐在教室的后面或站在走廊看着。当然，老师和校长压力很大，老师在课堂上讲课，后面坐着皇太子妃，这让校长和老师情何以堪？雅子妃的"同伴陪读"长达一年零九个月，而且，爱子到校外学习，如去神奈川县、山梨县，雅子妃也都陪着一起去。

当然，据说这是东宫医师的建议，也得到德仁皇太子的同意。雅子妃陪爱子上学，一方面，可以让爱子顺利自愿返回学校学习，也是皇太子夫妇让爱子必须学习"集体生活"的信念使然。另一方面，对雅子妃恢复健康有利。

但在日本，一般孩子不去学校都是找生活顾问，或学校等着本人愿意去学校为止，所谓注重自主性。有家长会主张，不勉强孩子去学校，可以通过上私塾或家庭教育来补充教育。因此，雅子妃长期陪着爱子上学或校外学习，又遭到媒体和国民的攻击，

"异样母子""母子情结""太溺爱""私事优先""税金小偷"等言论不绝于耳。

早在 2004 年皇太子的"人格否定发言"后，雅子妃在电话中对东宫大夫说"要做那样的事，我就不当皇太子妃了"。实际上，这句话留下伏笔，甚至导致宫内厅考虑让德仁皇太子与雅子妃离婚，理由是雅子妃的身体状况将来无法履行皇后职责，如果德仁皇太子想顺利继承皇位，最好的选择就是离婚。他们甚至希望德仁皇太子再次结婚，好生出皇位继承人。

日本国民对雅子妃不执行公务感到失望，认为她不适合做可以成为民众表率的未来皇后，一时间，让她与皇太子离婚的言论闹得沸沸扬扬，甚至还传出了废太子的消息，德仁皇太子也因雅子妃的做法，在皇室的地位急剧下降。

已故印度尼西亚总统的夫人倡议说：皇太子妃雅子没有参加任何皇室祭祀活动，且溺爱长女爱子，致使她做出越轨的行为，皇太子应该像英国人爱德华八世一样，不爱江山爱美人，把皇太子的位子让出来。

民间组织日本皇室守护会的会员都是保皇派，对皇室忠心耿耿，坚决拥护。2012 年，该会大张旗鼓地搞了一次请民众署名请愿活动，希望德仁皇太子与雅子妃离婚。

在德仁皇太子与雅子大婚之时，日本某画家分析说，雅子有两个面孔，右脸和左脸分别代表两种形象。雅子的右脸女性化，温和稳重；左脸男性化，积极向上且强硬。画家对所描绘的事物有瞬间敏感性，他认为人的脸天生左右部分会有差别，但像雅子这样分明的比较少见。好像是一语中的，雅子妃的"双重性格"，使她在皇宫中命运多舛。

　　日本国民本来希望德仁皇太子与雅子妃能对宫中进一步改革，认为雅子妃会给皇室带来一股清新的空气，结果，雅子妃没有改变皇宫，自己却被改变了。

许多人比喻雅子妃为"日本的戴安娜"，或者"亚洲戴安娜""东方戴安娜"。

如果从美貌、率直的性格、嫁进皇室、感到孤独来看是相通的，但在进入皇室的初衷或在婚姻关系上就大相径庭了。

戴安娜王妃生了两个皇子，却得不到查尔斯王子的爱情，大概是两人价值观不同。而雅子妃没能生出皇子，却得到德仁皇太子的万般呵护，两人有共同的语言。所以，相对来说，雅子妃比戴安娜王妃幸运，戴安娜王妃被查尔斯王子抛弃，并死于非命，而雅子妃最终成为皇后，有一个好的结局。

首先，雅子妃与戴安娜王妃进入皇宫前都属于清纯型，没有戒备心理。进宫后才明白，自己与皇室环境格格不入。但由于两人进宫的目标不同，处理方式也不同，当然，结局也不同。

雅子妃事业心很强，她一直憧憬在外交领域大显身手。她当初嫁入皇宫，除了与德仁皇太子有共同价值观外，也是因为皇宫可以给她在外交上提供更广阔的空间，或许从一开始，她就没有拘泥宫中规矩约束的心理准备。即使雅子妃我行我素引起非议，但德仁皇太子始终站在她的一边，帮她渡过难关。

日本外务省一位雅子曾经的同事说："她（雅子）有不谙世事，远离尘世的地方，或许是小姐特有的无防备心理。确实，作为官二代、美女、妃候选等，因为刚入职过于显眼（媒体报道），就引来大家对她过度的期待和嫉妒，这是事实。她工作非常认真，良好的教育使她性格开朗，善于体贴他人，这是我眼中的雅子。但在夹缝中，会涌入他人对她的批判和攻击，霞关（政府机关集中地）村是可怕的地方。风头过盛的她会引起一些人不满，有人说她的风凉话'还没有非职业女性能干'等，真实的她完全不是这样。"

雅子妃从小在强调个性的美国生活，而日本社会以消灭个性为美德。通常，人从小形成的思维模式会陪伴他的一生，按某些日本人的说法，雅子的才华超过皇室成员，再加上其家庭社会地位也很高，雅子有些傲气，一时难以转变角色也是必然。

在日本文化中，儿媳进入婆家就是婆家的人了，皇宫内更是如此，正田家以"因为是给皇室献上的女儿"，直到最后都与美智子妃保持着距离。但雅子妃没有这个概念，不懂"嫁鸡随鸡"，或者她不赞同这个观念，因此，她一直很珍惜与自家人的感情。

雅子与德仁皇太子结婚是 1993 年 6 月 9 日。10 月 19 日，她的祖父小和田毅夫去世，德仁皇太子陪同她去吊唁，而第二天刚好是美智子皇后 59 岁的生日，雅子妃以"我正戴孝，就不去了"为由，没有参加进宫后婆婆的第一个生日，而那天，又是美智子皇后因媒体的中伤报道，忽然倒下、一时失语的日子。

雅子妃在妹妹小和田礼子结婚时，让德仁皇太子一同去祝贺。雅子妃外祖母江头寿寿子卧病在床，雅子妃也请德仁皇太子和女儿爱子一同去探望。于是，宫中就议论雅子妃是不是与娘家走得太近了。

当年，美智子妃母亲病重期间，她只带了次子文仁亲王和小女儿清子内亲王去看望。美智子妃说："因为丈夫和长子是储君和未来的储君（当时昭和天皇在世），这种灾厄场合，尽量少出席。"

于是，宫中一直有人感叹雅子妃的"本家至上主义"，为自己的娘家自豪。美智子皇后的女官们说："那位现在还是'本家至上主义'，总说'我家很棒'大家都很担忧，她应该早点脱离娘家，但还是做不到。"

一直以来，在日本媒体和国民心中，皇室是为了国民舍弃自我的人，雅子妃的父亲虽然是外务省高官，但相对皇室来说，平民家庭都是一般家庭。在美智子妃成为皇后以后，宫中已经改变了许多，但让宫内厅和日本国民一下子改变观念也是不现实的。德仁皇太子能理解雅子妃的做法，但不代表其他人也能认同。

以致后来有宫内厅干部透露说：在坊间流传皇太子初心不改，犹豫不决的雅子与小和田家被皇太子的热情感动的传闻不实，实际上，翻来覆去，雅子又被列入妃候选是因为小和田恒兴致很高，委托有关人士从中说媒，并说"无比光荣，拜托了"。

又有传言说：雅子的父亲小和田恒想出任日本驻联合国大使，外务省里想要取得这个职位的人很多，竞争非常激烈，这也是小和田恒愿意把女儿嫁给德仁皇太子的原因。

　　一般来说，任期 2 年的外务事务次官退下后将任日本驻美国大使馆大使，而小和田恒因女儿雅子入皇宫之事，没能就任，当了外务省顾问。但雅子于 1993 年嫁入皇室，1994 年，小和田恒就出任了日本驻联合国大使。是因为德仁皇太子看上了雅子，各方给小和田恒压力呢？还是小和田恒想利用女儿谋职呢？局外人是不得而知的。

　　而戴安娜王妃虽然出身显赫，是爱德华斯宾塞伯爵的小女儿，但由于父母离异，又没有得到父亲的宠爱，她渴望家庭的温暖。大概查尔斯王子当初正是看到了才 20 岁的戴安娜的天真烂漫，就直截了当地向她求婚，她也立即接受了。因为戴安娜相信查尔斯王子是爱她的。

　　戴安娜王妃深爱查尔斯王子，进入王室后愿意事事迁就他。她也有"适应新角色"的思想准备，结婚后三年就为查尔斯王子生下了两个王子——威廉王子和哈里王子。

　　然而，查尔斯王子毕业于剑桥大学，安安静静地坐下来读一本哲学或历史学书籍就是他最大的享受。而戴安娜王妃只是一个高中辍学生，尽管她很善良，也做了大量的慈善活动，但或许两人的共同语言并不多。查尔斯王子与旧情人卡米拉旧情复燃，戴安娜王妃虽然努力挣扎，但她没有雅子妃那么幸运，查尔斯王子依然绯闻不断，对她冷若冰霜。

　　当戴安娜王妃意识到查尔斯王子不再爱自己时，也开始绝地反击，搞婚外情，并与查尔斯王子在媒体面前互相诋毁、抹黑对方，损害了王室的颜面。

　　其次，雅子妃与戴安娜王妃都有过抑郁症，但由于德仁皇太子与查尔斯王子，以及日本皇室和英国王室所采取的态度不同，两人的命运也截然不同。

明仁天皇是战前出生的人，为了让皇室的传统更好地延续，想要皇孙也无可厚非，但在没有皇孙的情况下，他与德仁皇太子为了给雅子妃减压，还是呼吁由女性继承皇位。

于是，日本政府开始讨论修改《皇室典范》，可以允许女性当天皇，当时的首相小泉纯一郎面对记者的提问，很爽快地说："日本有女天皇也不错。"2005年，小泉首相指派显要人物组成委员会专门讨论这个问题，并在10个月里举行了17次会议，基本上达成了共识。

2005年，雅子妃参加了新年一般参贺。2月23日，皇太子在45岁生日记者见面会上针对人格否定发言说："给天皇、皇后两陛下添了麻烦实在对不起，也让国民担心了。今后，我会充分体会天皇陛下对我们的激励及爱护之心，在得到宫内厅协助的同时，进一步做好皇太子的工作。"

但修改《皇室典范》的提案还是遭到反对，尤其是自民党保守派强烈反对，他们认为皇室的男系继承"对日本人来说是最最贵重之宝"。

就在委员会要将法案递交国会时，从皇宫中传来秋筱宫文仁亲王的纪子妃怀孕的消息，雅子妃对此大吃一惊。

2006年4月，新上任的东宫大夫是野村一成，他曾是雅子妃的父亲小和田恒驻苏联大使馆的后辈，雅子小时候常叫他"野村叔叔"。因此，野村大夫会极力保护雅子妃，与宫内厅产生摩擦在所难免。

同年 6 月 23 日，野村大夫在例行记者会上通报了皇太子一家的情况后，马上说：向大家通报，皇太子（妃）两殿下得到来自荷兰的邀请，碧翠丝女王陛下邀请他们到荷兰静养一段时间，他们决定在爱子内亲王幼儿园放假期间，一起在荷兰静养，时间计划在 8 月中旬到下旬……医师团也表明，为了让妃殿下恢复健康，建议在海外幽静环境中静养。

这又创下了日本皇室成员从没有因静养到海外造访的先例，引来惊叹声一片，宫内厅和媒体的批判声不断，但野村大夫不为所动。

明仁天皇和美智子皇后也同意雅子妃到海外静养，明仁天皇说："我从来没有以私人身份出国访问，既然医师团认为这样好，皇太子夫妇也很高兴，我想这样也很好。"

荷兰女王碧翠丝的丈夫曾患过重度抑郁症，对雅子妃的境遇深感同情并发出私人邀请，请雅子妃到自己的私人宫殿荷鲁宫度假。2006 年 8 月 17 日，德仁皇太子一家三口以非官方的性质出访荷兰，他们乘坐的是民用飞机，使用的是内廷费。当时荷兰的王储和马克西玛王妃带着孩子与皇太子一家度过了两周的愉快时光。

皇太子夫妇出访的前一天，即 8 月 16 日，怀着第三胎的纪子妃入住爱育医院。9 月 6 日，纪子妃生了儿子悠仁亲王。日本政府修改《皇室典范》的进程因此戛然而止，当然，明仁天皇也松了一口气。

不过，羽毛田信吾宫内厅长官在悠仁亲王诞生后的记者见面会上说："秋筱宫家诞生了亲王，也不能说皇位继承就安定了。"就是说，男性皇族还是太少，记者非常了解宫内厅的意图，又开始暗示皇太子夫妇生二胎。9 月 13 日，负责皇室报道的记者，在与皇太子同行登山时问他："爱子不想要个弟弟吗？"皇太子一时露出困惑的表情，又马上平静地说："秋筱宫生了孩子真好！"

日本人非常迷信正统，一方面，皇太子如果能生儿子那是最好不过了，那是皇室的"正根"；另一方面，雅子妃那么优秀，如能生儿子，皇室未来会更兴旺，所以，迫切希望雅子妃再生一个皇子。而德仁皇太子和雅子妃都在英国留过学，或许会认为，英国、荷兰等都可以有女王，日本为什么不能？

雅子妃与德仁皇太子从荷兰回国后，人们以为她终于可以参加一些公务活动了，但安排好的公务，雅子妃常常临时取消，并且按照惯例度假去了。这时，宫内一些人便对雅子妃的做法极度不满，说她是"临时取消者""任性""只知道玩""见不到雅子妃殿下"等。

2007 年，美智子皇后因精神疲劳出现了发烧、鼻出血、肠内出血等症状，宫内就有人暗中讽刺雅子妃："谁能替代皇后？如有人可以，拜托了好吗？太难了吧？"这年是雅子妃静养后的第三年，同年 10 月，她与皇太子出席了为期两晚三日的"第 22 次国民文化节"，当记者摄影时，她的表情僵硬，说明身体还没有恢复好。

而戴安娜王妃生下哈里王子后得了产后抑郁症，她的情绪很不稳定，多次用小刀割自己的手腕、脚腕甚至喉咙。但查尔斯王子却漠不关心，而且更加讨厌戴安娜王妃了。

1992 年 12 月 9 日，当时的英国首相梅杰代表皇室宣布戴安娜王妃和查尔斯王子婚姻的确出现了危机，两人正式分居！同时戴安娜王妃与女王夫妇的关系也变得紧张起来。1996年，在女王的勒令下，戴安娜王妃和查尔斯王子离婚了。

1997年，戴安娜王妃在前往巴黎的一次车祸中遇难，年仅36岁。

虽然在日本让德仁皇太子与雅子妃离婚的风波一度搞得沸沸扬扬，但德仁皇太子说过要对雅子呵护一生，并且也在认真践行着。这也决定了雅子妃与戴安娜王妃在命运上的截然不同。

难以逾越的「菊墙」

2008 年 12 月 23 日，是明仁天皇的生日，他在文书中提到雅子妃时写道："皇太子妃现在病中，家里人都扶持是应该的，我和皇后一直祝福将来站在重要立场上的皇太子和皇太子妃健康，期待二人合力走下去。"好像被陛下的话激励似的，雅子妃在这之后身体逐渐好转，安定下来。

2009 年 1 月 7 日，举行了"昭和天皇二十年式年祭·山陵之仪"，参加者为天皇、皇后两陛下，皇族们及麻生太郎首相等共 80 人，雅子妃自 2003 年身体不适以来，这是时隔五年首次参加这次祭祀活动。

在这次祭祀中，雅子妃早上 8 点半就到了皇居，为了做好充足的准备，比皇太子提前了一个小时。她先在"东宫妃洁斋所"净身，用盆里的热水（之前都是冷水）清洗腰部以下，然后从上往下浇水清洗上半身，再用油梳成大垂发，穿上 10 千克重的类似平安时代的十二单衣。考虑到雅子妃的身体，这次祭祀明显比以前简化了许多，但还是需要两个小时。

在这之前，雅子妃受到批判皆因缺席公务和宫中祭祀引起的。在古代，只有天皇参加祭祀。1873 年（明治六年），规定宫中祭仪中，皇后、皇太子及皇太子妃也一同祭祀，所以，美智子妃、雅子妃都不能例外。如果放弃，等于放弃他们的身份。美智子妃（皇后）一直都陪同明仁皇太子（天皇）在宫中祭祀，而雅子妃却很少参加祭祀。

当然，"二战"后，根据政教分离原则，天皇祭祀的宗教活动不再具有国家公务性质，完全是天皇个人的私事。在宫中侍奉天皇的宫内厅长官、侍从长、宫务主管及神职如掌典、内掌典等，成为天皇的私家用人，他们的工资由宫内厅的官员核准。雅子妃不参加，或许更符合战后象征天皇制的规则，但是宫中祭祀是皇家的传统，更是天皇制存在的根基，谁也不愿意违背。

日本天皇制与日本历史一样古老，天皇首先是做祭祀的人，是这个国家的最高祭司，其宗教权威一直承袭下来。天皇的王权与时代变迁及权力规模都没有必然的联系，一旦离开宗教的基盘就不复存在。

宫内厅干部说：宫中祭祀时，妃殿下（雅子妃）要盘上古典的大垂发，身着很重的装束，身体的消耗非常大。妃殿下长期在海外生活，重视合理性，作为职业女性对于不能用道理阐明的祭祀领域，直到现在也有想不通的地方。比如："潔斋"（みそぎ，斋戒沐浴），在仪式前，为了清净全身需要洗澡，从换衣服开始都由女官来做，妃殿下要赤身裸体地暴露在他人的目光下，这种"不合理"也是雅子妃远离宫中祭祀的理由之一。

"潔斋"是在做神事前必行的一道程序，水是冷水，冬天也是如此，这是寻求清净和推崇纯净的神道思想的修行。

日本国民去神社时，也都要在"手水舍"洗手、漱口，但在神社举行重大仪式时，是全身浸在冷水里。这起源于日本神话，即：男神伊奘诺尊（伊邪那岐命）赴死人国欲救妻子（伊邪那美命），看到满身污垢的妻子后回到阳间，在河流中洗涤污秽时，从他衣服、眼睛和鼻子里出现若干神，最后，他高兴地将世界托付给了三个神，让天照大神统治高天原、月读命统治夜之食国、须佐之男命统治海原（海洋）。

日本人认为以天照大神为统帅的全日本 800 万神，是生活在无上清净的"高天原世界"，而统治下界国土的天皇是天照大神的直系后代，围绕天皇展开的王权政治空间必须时刻保持洁净。

一直为明仁天皇和德仁皇太子理发的大场隆吉，因会接触到他们的身体，始终把这个当成"神事"来做，每次为他们理发前夜，无论春夏秋冬，都要用冷水洗净身体，用盥洗器装满 30 杯冷水从头浇下，意为从头上去掉杂念。

而且，在举行仪式时，天皇以及皇族对衣着及头发要求很严，即使他们在户外或有强风的机场，头发及衣着也不能乱，因此，需要用上固定发胶或固定的卡子等，同时，还不能影响美观。

另外，宫中祭祀中还有一个惯例，就是在活动中避开"不洁"，即"死秽""产秽""血秽"。"死秽"指丧事，是男女共同面对；而"产秽"指生孩子，"血秽"指月经，只有女性自己承担。特别是"血秽"很残酷，内掌典高谷朝子在《与皇室祭祀共生存：内掌典 57 年的日子》一文中，描写了皇室女成员为了避开女性特有的"血秽"所过的令人震惊的生活，直到现在依然存在，与《皇室典范》中规定禁止女性天皇一样，违反了男女平等的原则。这对于从小接受西方教育的雅子妃来说，是断然不能接受的。

德仁皇太子时时保护雅子妃，针对人们批判雅子妃缺席祭祀活动这一点，2006年，德仁皇太子在记者见面会上说："我们考虑到宫中祭祀是非常重要的活动，但雅子参与的话，得在能执行一般公务之后。"也就是说，雅子妃是因为健康原因参加不了宫中祭祀，但他们绝没有轻视祭祀活动。

皇室祭祀已有一千多年的历史，礼仪完全遵照日本宗教神道教的方式进行，而日本的神道教是泛泛的"八百万"神，没有完整的思想体系，是虚无缥缈的。因此，日本自古代就不用语言讲述神道教的教义，所谓"神道不举言"。皇室祭祀每年定期举行各种仪式，其中很多属于秘仪，从来不对外公开，更没有书籍记载下来。

德仁皇太子从小在皇宫里长大，耳濡目染，对古老而神秘的原始神道仪式，已心领神会。但雅子妃从小在海外生活，即使雅子妃知道皇室有许多清规戒律，也万万想不到宫中祭祀如此神秘，且非一般人可以承受，况且又没有什么书或者文字资料供她学习。

因此，雅子妃对西方语言文化的深厚造诣，反而成为她理解并接受古老日本宗教的障碍。虽然雅子头脑清晰，又是外交官，为人处世比一般日本女性更大方优雅，然而，雅子的日本文化功底不够深厚，特别是对神道教的了解非常有限。

随着互联网的发展，特别是平民妃嫁入皇宫，人们从各种渠道了解了一些皇室祭祀的内容，但最神秘的部分人们还是不得而知。天皇祭祀不只是仪式庄重、礼仪烦琐，还是一个"体力活儿"。举例来说，每年的 11 月下旬举行的大尝祭是需要四天才能完成的大祭典。天皇的宗教权威起源于水稻种植，供神的稻米必是产自天皇自家的御田，从播种到收割都有繁复的祈祷和仪式。新天皇即位时的新尝祭从古代到现在，一直是天皇祭祀的中心。

从 11 月 23 日开始，天皇要忌火、忌御食，进入斋戒。祭日前夜，遵循古代方式举行镇魂祭，天皇穿上天羽衣入浴清净身体。下午 5 点 30 分进入绫绮殿，穿上纯白的祭服，下午 6 点，在神嘉殿的隔殿就座，十姬十男开始接连为天皇奉上神馔（饮食），结束后，天皇在神乐歌的奏乐声中进入本殿就座，洗手后，亲自将一品一品的神馔向神上供，行拜礼，奏上告文，大约需要两个小时。

之后，天皇与神对坐，低头接受神馔（米饭、粟饭）和新酒，亲自品尝，日文称"直会"。再之后，撤下神馔，天皇洗手，十姬十男退下，天皇出御，接着就是皇后、皇太子、皇太子妃等拜礼。

"夕之仪"，从晚上 8 点到 10 点需要两个小时。之后，从晚上 11 点开始到翌日凌晨 1 点，在完全没有火的寒夜继续进行两个小时的"晓之仪"，这时祭祀才宣告结束。

可见，换衣服、入浴、跪坐、上供等需要很长时间，每个环节都不能马虎，天皇和皇后年轻时还可以，上了年纪就很难胜任了。

天皇每年要亲祭 20 多个祭典，昭和天皇到了晚年，不仅亲自祭祀的数量少了，时间也缩短了，虽然原则上是天皇亲祭，但实际上祭典中最重要的部分由天皇负责，其他则由掌典职代替。所以说，尽管宫内厅常被人们诟病，但从另一角度来讲，他们为了维护皇室的传统与尊严，也是在兢兢业业地做着自己应该做的工作，祭祀背后的细节，烦琐的礼仪都是由宫内厅人员担当。

只有日本皇室才有的特殊仪式，也被称为"菊墙"。负责皇室报道的记者神田秀一说："至少从推古天皇（第33代天皇，日本历史上第一位女天皇）时代开始，代代相传下来的仪式就是宫中祭祀，这是皇室的惯例，是传统，是自我认同的象征。对于从事外交官工作的雅子妃来说，要熟练掌握或许门槛太高。主要的宫中祭祀，一年中有20次左右，成为皇后的雅子能够应对多少？况且身体还没完全康复……"

2019年，雅子妃参加了宫中祭祀，虽向民众显示其身体正在好转，但宫内厅干部说：宫中祭祀是立在"新皇后"面前的高墙。对于天皇皇后两陛下来说，不只是行幸等公务和国事活动，宫中祭祀还是非常重要且必不可少的工作。

德仁天皇于2019年5月1日登基后，目前来看，都在严格遵守着宫中祭祀的传统。雅子皇后身体恢复得很好，该出席的祭祀活动也都参加了，作为皇后，她意识到自己身上的责任，保护皇室传统义不容辞。但今后将对宫中祭祀做何种改变？据说，已开始删繁就简了。

附宫中祭祀主要祭仪一览表

时间	祭仪	内容
1月1日	四方拜	清晨，天皇陛下在神嘉殿南院，向伊势神宫、山陵及四方诸神遥拜，是年中最初的活动
	岁旦祭	早上，在三殿进行的年初祭典
1月3日	元始祭	年初时，庆祝皇位的源头和由来，在三殿祈祷国家国民繁荣的祭典
1月4日	奏事始	掌典长年初向天皇陛下奉告伊势神宫和宫中祭祀的活动
1月7日	昭和天皇祭	昭和天皇驾崩日，在皇灵殿举行的祭典晚上有御神乐
1月30日	孝明天皇例祭	孝明天皇驾崩日，在皇灵殿举行的祭典
2月17日	祈年祭	在三殿举行祈祷五谷丰登的祭典
2月23日	天长祭	祝贺天皇陛下生日，在三殿举行的祭典
春分日	春季皇灵祭春季神殿祭	在皇灵殿举行的祭先祖活动在神殿举行感谢神恩的祭典
4月3日	神武天皇祭皇灵殿御神乐	神武天皇驾崩日，在皇灵殿举行的祭典神武天皇祭的晚上，特别奉奏御神乐，镇神灵的祭典
6月16日	香淳皇后例祭	香淳皇后驾崩日，在皇灵殿举行的祭典
6月30日	节折	为天皇陛下举行驱魔祈福活动
	大祓	在神嘉殿前，以皇族为首，为国民举行的驱魔祈福活动

时间	祭仪	内容
7 月 30 日	明治天皇例祭	明治天皇驾崩日，在皇灵殿举行的祭典
秋分日	秋季皇灵祭秋季神殿祭	在皇灵殿举行的祭先祖在神殿举行感谢神恩的祭典
10 月 17 日	神尝祭	在贤所，供奉新谷感谢神恩的祭典。这天早上日本天皇在神嘉殿向伊势神宫遥拜。
11 月 23 日	新尝祭	天皇陛下在神嘉殿中，向以皇祖神为首的诸神供奉新谷，谢神恩后，陛下自己也亲尝的祭典。这是宫中惯例祭典中最重要的祭典。天皇陛下自己种植的新谷也成为供品。
12 月中旬	贤所御神乐	从傍晚在贤所奉奏御神乐，镇神灵的祭典
12 月 25 日	大正天皇祭	大正天皇驾崩日，在皇灵殿举行的祭典
12 月 31 日	节折大祓	为天皇陛下举行驱魔祈福活动在神嘉殿前，以皇族为首，为国民举行的驱魔祈福活动

（转引自日本宫内厅网站 https://www.kunaicho.go.jp/about/gokomu/kyuchu/saishi/saishi01.html ）

2010 年 7 月 22 日，明仁天皇在御所召开参事会议时说："我想我应该让位。"这大概给了雅子妃希望，她逐渐开始执行公务。2011 年 3 月 11 日，东日本大地震后，雅子妃陪同德仁皇太子去各地慰问受灾民众，4 月 6 日，去了在东京的避难所，时隔 16 年再次到避难所慰问。

2012 年 2 月 18 日，明仁天皇在东大医院接受了心脏支架手术；3 月 1 日，德仁皇太子与雅子妃到医院探望，3 月 26 日，又到皇居探望；3 月 31 日，皇太子一家人到御所，与天皇皇后见面，这次见面超出了预定时间，彼此之间似乎消除了之前的隔阂。因为皇宫中的人都知道，皇太子一家与天皇、皇后之间曾发生了误会。

在此之前，明仁天皇和美智子皇后见到爱子的机会很少，原因是爱子一岁生日（2002 年 12 月 1 日）时，明仁天皇和美智子皇后、皇太子一家、秋筱宫一家聚餐，按照常规最后要一起拍个照。

但当时因为马上到新年了，按惯例，每年新年宫中都要给天皇一家照"全家福"，登载到宫内厅网站上，于是，这天就取消了照相环节，但雅子妃对此事一直耿耿于怀。之后，天皇、皇后便很少能见到爱子内亲王。

2006 年 12 月 20 日，明仁天皇怅然地在生日前的记者见面会上说："关于最近爱子的情况，皇太子妃生日（12 月 9 日）晚餐后，爱子与皇后和秋筱宫妃玩相扑双六（游戏），她那快乐活泼的样子让我印象深刻。遗憾的是，爱子刚上幼儿园，经常感冒，与我们见面的机会不多，希望以后多多见面，能敞开心扉说说话。"2012 年这次见面后，需要时，爱子都会去看她的爷爷奶奶。

2013 年 3 月，德仁皇太子和雅子妃接到了荷兰马克西玛王妃的一封亲笔信，邀请他们参加荷兰王储的就任典礼。也是为了答谢 2006 年荷兰王储的热情款待，雅子妃终于又复出执行海外公务，4 月 28 日，开始了她和德仁皇太子的第二次荷兰公务之旅。

2013 年 10 月 12 日，雅子妃时隔 10 年出席了全国残疾人运动会的开幕式。

2014 年 7 月 15 日，时隔 12 年参拜了武藏陵墓地（昭和天皇之墓）；7 月 29 日，时隔 20 年参拜了伊势神宫；8 月 3 日，时隔 12 年出席了全国高中综合体育大会，德仁皇太子一家观看了比赛。

2015 年 7 月 2 日至 6 日，雅子妃陪同德仁皇太子正式访问汤加。4 日参加了国王图普六世的加冕仪式，并在午餐会上与汤加皇太子夫妇及王族们交流，5 日，参加了与日侨们的恳谈会。11 月 12 日，时隔 12 年出席了在赤坂御苑举办的秋季游园会……

2018 年 12 月 9 日，雅子妃迎来 55 周岁生日，针对记者的提问她以文书的形式写道："想到之前的日子，我对自己没有起到多大作用感到惭愧""我在获得更多经验的同时，也在全身心地为国民的幸福而努力""美智子皇后陛下在 10 月生日之际，回答记者的提问时说：我将继续祈愿今后皇太子与皇太子妃构筑新一代的安宁。我对皇后这么温暖的御想，从内心表示感谢！"

雅子妃这样说，大概也是意识到日本民众在质疑她能否胜任皇后了，从几乎放弃太子妃责任到将要成为皇后，她开始意识到自己身上的责任。

据记者称：宫内厅一直将雅子妃不出席公务的理由定为身体有病。但雅子妃说："我没病。"雅子妃认为宫内厅不保护她，对宫内厅及周围女官抱有强烈的不信任感。而雅子妃能坚持到今天，是因为包容她的丈夫和娘家的鼓励，娘家人对她说：如果把现在忍过去，成为皇后的时代慢慢就会到来。

雅子妃身体不适，应该说不是她身体自身问题，毕竟她从小练就了那么强健的体魄，可以说导致她时常疲劳、失眠等症状的罪魁祸首是精神压力。2004 年 1 月，宫内厅宣布雅子妃为"适应障碍症"，就是"不能适应环境""不适宜在皇室"，据说按照这个病名发表是根据雅子妃自己的意思提出的。适应障碍症的症状除了不安、抑郁外，还有食欲不振、头晕、头痛等。

但主治医生大野裕以美国精神医学会的诊断分类标准来判断，称雅子妃属于"因强大的精神疲劳导致身心陷入不正常状态""类似于创伤性应激障碍（PTSD）的概念"。

在日本，有些影视女明星就说自己患上了 PTSD，因为是公众人物，私生活常被记者曝光，她们的结婚、离婚也成了焦点。从订婚到结婚都要开记者招待会，她们有时流着眼泪激动地发誓相爱到永远，可没多久，又突曝分手的消息；离婚时也开记者招待会，由于生儿育女，事业被荒废，一脸受伤的样子，哭诉着自己的不幸，可没多久，又曝出与某某意中人相见，自己还出了书。因此，日本记者评论她们是：哭着撒谎的女人。

患上 PTSD 的人，一旦心灵得到安抚，渐渐就会恢复健康。雅子妃的症状应该接近 PTSD，一旦解除了精神疲劳，身体恢复起来会很快。

2018 年年底记者问东宫大夫："雅子妃能出席新年活动吗？"大夫答复说："说明年的事鬼都会笑。"日本媒体也担心雅子妃长期休养，能否继承明仁天皇和美智子皇后辛辛苦苦建立起来的"平成流"，即两陛下一起出席公务活动，到全国各地直接与民众分担痛苦，分享欢乐。美智子皇后一年参加 340 次公务，而雅子妃只有 60 次，且雅子妃成为皇后前经常"一进一退"，即刚出席一个活动，下一个又缺席。

但是在雅子妃成为皇后之后，局面有所变化。日本政府于 2019 年 4 月 1 日公布了日本历史上第 248 个新年号"令和"（意为美丽和谐）。5 月 1 日上午，在皇宫举行了继承证明皇位的剑和勾玉的"剑玺等承继之仪"，德仁皇太子即位新天皇，雅子妃也成为"令和"的皇后。她似乎身体恢复得很快，当日就出席了 13 项活动，可以看出她脸上的笑容是发自内心的，像变了一个人。

出席"剑玺等承继之仪"的皇族成员只能是成年男性，现在只有常陆宫正仁亲王和秋筱宫文仁亲王二人，雅子皇后没有资格参加，在仪式之后的"朝见之仪"时，她才出现。

据日本媒体报道，雅子皇后即位当天，其父母及两个妹妹到访皇居出席了仪式。虽然没有交谈，但家人看到久别重逢的雅子皇后的健康身影好像也安心了。

当日下午，天皇、皇后先到上皇、上皇后的御所问安，之后，接受以皇嗣秋筱宫为首的皇族们的祝贺。5月4日，在皇宫举行"一般参贺"，天皇、皇后共同出现在日本公众面前。

特别是5月8日，雅子皇后时隔17年参加了在宫中三殿举行的期日奉告之仪的宫中祭祀活动，宫内厅干部感慨万千地说：由于不习惯装束，前行时身体多少有些摇晃，但做拜礼时非常完美。在回去的车上面带笑容，她本人也认为是接近理想的参拜吧。

如果观察日本社会对雅子从妃变为皇后的民间议论和态度转变的话，确实可以真真切切地体会出日本的国民性，特别是日本媒体一夜之间就可以翻云覆雨。

在雅子妃成为皇后之前，媒体一边倒地批判雅子妃不执行公务，溺爱女儿等，即使雅子妃成为皇后已成定局，仍质疑她是否能胜任皇后。

雅子妃从2002年年末以来，16年没有出现在记者见面会上，她对记者没有美智子皇后和纪子妃那么客气，好恶明显。宫内厅干部说：雅子妃继承了她父亲小和田恒的基因，对周围的人有些严厉。

有一次，一位记者对雅子妃十多年疗养没有与记者见面提出质疑，雅子妃环顾一下四周后大声发问："其他人是怎么想的？"震慑了全场，现场的人都惊讶无比。

于是，记者们在报道时，对雅子妃也不客气，挑她毛病，极尽渲染。特别是雅子妃没能生出男孩，本来宫内就给了雅子妃巨大压力，同一步调的媒体更是火上浇油，而不知所以然的国民也跟着焦虑，让雅子妃不堪重负，她不愿见记者也是情理之中了。

然而，雅子妃真正成为皇后之后，日本媒体、国民，甚至宫内厅干部的语气都变得和善，以前的不好也被说成是不得已的。如雅子妃曾在自家别墅休养，现在皇室记者说：虽然当时有批判她"与娘家靠得太近"，但那是因为陛下除了娘家人以外没有可依靠的人。

日本女性杂志也一改以往的态度评论说："穿平跟鞋的雅子妃成为日本的国母""雅子皇后向全世界展示了新时代的皇室""雅子皇后的时代到来了，不愧是外交官，干脆利索的女性就是不一样"，等等。

而且，翻脸像翻书一样快，日本媒体之前一直高度赞扬执行公务、育儿、把秋筱宫家打理得很好的纪子妃，现在却把她当成了反面教材的典型，对纪子妃的攻击不绝于耳，之后详述。

甚至有媒体报道美智子皇后"欺负"雅子妃。但知情人都为美智子皇后抱不平，因生皇子问题两人确实疏远过，但美智子皇后有过被"欺负"的体验，不会将自己受的罪再强加在后来人的身上，她对病中的雅子妃一直守护观望着，并说："现在只能等待。"

雅子妃流产时，美智子皇后在 66 岁生日时说："即使有几个孩子，流产都是令人悲伤的事情，我想，初次怀孕就体会到这种滋味的东宫妃（雅子妃）的心情是局外人难以理解的。希望她注意身体，快乐度过每一天。"

所以，日本媒体有"看人下菜碟"的毛病，有点"蛛丝马迹"就过分渲染，常常有过敏反应。日本国民也对"空气"的敏感度过高，认为不好了就"墙倒众人推"，认为好了就"众人拾柴火焰高"。

好在雅子妃努力应验了娘家人鼓励她的话："如果把现在忍过去，成为皇后的时代慢慢就会到来。"如今，雅子皇后的时代真的到来了。

彰显外交风范的『令和』皇后

2019 年 5 月 27 日、28 日，德仁天皇和雅子皇后在宫殿举行了对美国总统特朗普及夫人的欢迎仪式及宫中晚宴，他们二人不通过翻译，直接用英语与他们对话。

在晚宴中，德仁天皇请众位嘉宾起立干杯时，特朗普总统迟迟不起来，这时，雅子皇后向他说了什么，特朗普才站了起来——她的英语外交发挥了作用。

顺便提一下，宫中晚宴在宫殿的丰明殿举行，这是招待国宾的最高礼遇。用餐前，天皇致欢迎词，演奏对方国的国歌，之后是国宾致答谢词，并在演奏日本国歌声中，众人起立干杯。皇位继承人、首相、众参两院议长、最高法院院长及国务大臣等 130 人左右赴宴。午宴在"连翠之间"举行，一般是接待公宾，没有致辞，比如接待外交大使夫妇被称为"外交团午餐"，招待人数为晚宴的一半以下。

次日，雅子皇后陪同德仁天皇赴酒店问候美国总统特朗普及夫人梅拉尼娅，整个过程她的状态都非常好，彰显了久违的职业外交官的风采。

官内厅干部说：雅子皇后知晓梅拉尼娅夫人出生于东欧的斯洛文尼亚，其双亲已移民到美国，就提前阅读了美国与斯洛文尼亚两国关系的历史，并对周围人说："得到了获得新知识的机会。"雅子皇后与梅拉尼娅夫人谈孩子的教育问题等，日本媒体报道说："梅拉尼娅夫人绷着的面孔渐渐地舒缓下来，皇后积极与她会话和交谈，让她有了安心感，后来，更多是梅拉尼娅夫人主动来交谈。"

当然，也有国民批评德仁天皇和雅子皇后直接用英语与特朗普总统夫妇交谈，认为这是"不尊重自己国家的语言"。

另外，雅子进入皇室，接待外国首脑或领导人虽然与外交活动没什么区别，但因为皇室及皇族成员不得参与政治，因此谓为"国际亲善"，不能说是"外交"。

在电视报道中可以看到，雅子皇后对秋筱宫文仁亲王一家很照顾，一脸和气地把纪子妃介绍给特朗普总统及夫人，显示出她很大度，日本媒体及国民因此对她一片赞扬声。

之后，法国总统马克龙及夫人、土耳其总统埃尔多安及夫人等都来到皇宫，德仁天皇和雅子皇后在会见时，几乎都是不通过翻译直接与嘉宾对话。日媒称：世界领导来求见的理由是"想见雅子皇后"。

雅子皇后终于可以发挥外交才能了，她在与德仁天皇会见来日访问的克罗地亚国会议长夫妇时，因与夫人谈兴正浓忘记坐下，当德仁天皇拉她衣角示意她坐下时，雅子皇后竟然一时没有反应过来。可见，她被压抑得太久了……

日本仪式多，规矩也多，皇位的整个交接过程需要半年多的时间。2019 年 10 月 22 日，日本政府邀请了 185 个国家，2000 多名外国元首、政要及王室成员等外国宾客参加新天皇的"即位礼正殿之仪"（相当于西方王室的戴冠式），正式向国际社会宣布新天皇登基。雅子皇后身着 15 千克重的传统十二单衣，近半个小时的仪式中，始终保持站立不动的仪态，可见，她的身体状况调理得很好。

本来这天还要在东京街头举行盛大的即位庆贺游行活动，由于日本遭遇到历史上罕见的台风，延至 11 月 10 日进行。

11 月 14 日傍晚 6 点半，在宫殿举行了祈祷五谷丰登与国家安宁的大尝祭（"大尝宫之仪"），皇族及首相、三权之长、各都道府县的知事、名流等 510 人列席了这个仪式。"大尝宫之仪"还包括夜间举行的"悠纪殿供馔之仪"和第二天凌晨举行的"主基殿供馔之仪"，即一直持续到 15 日凌晨。

举办"悠纪殿供馔之仪"时，包括记者在内的外部人士，甚至宫内厅职员也不可进入，这是夜间举行的"秘仪"。《女性自身》的记者请熟悉皇室的京都产业大学久礼旦雄副教授解释说：

以两陛下为首的皇族们，先到廻立殿净身，天皇陛下穿上最神圣的纯白御祭服，进入悠纪殿，只有陪膳采女和后取采女两位女子一同进入。皇后陛下进入被称为"帐殿"的建筑物中，面向天皇陛下所在的悠纪殿拜礼，之后，回到廻立殿。

天皇陛下再移到悠纪殿行"供馔之仪"，亲自将"神馔"米、粟、海产品和水果等供品，放在由柏叶做成的盘子上。神馔有

32 盘，全部放好需要 500 个以上的动作，耗时很久，放好后，诵读祈祷天下安宁的《御告文》，之后，天皇也亲自品尝神馔，称"直会"。

在代表东日本的悠纪殿举行完仪式后，从 0 点 30 分开始，在代表西日本的主基殿重复以上动作。只是记住 500 个以上的动作，就需要有充分的准备。有媒体报道称：雅子皇后在"帐殿"的 10 摄氏度以下没有暖气设备的一间小屋里，以一丝不苟跪坐的姿态拜礼。整个仪式持续到黎明，对雅子皇后尚未完全恢复的身体来说，实在是负担很重。

据相关人士透露，秘仪中有"即位灌顶"，完成由人向神的蜕变。大尝宫内最重要的法器是一张床榻和被褥，日文称"真床追衾"，相传是天孙降临时，众神在天孙身上披的衾；也有另一种说法，说是神武天皇出生时，女神用来包裹他的衾。天皇把衾被披在身上，象征"新天皇诞生"。"大尝宫之仪"结束后，德仁天皇才成为"神格化"天皇。

虽然大尝祭后一切相关设施会被撤去，不留任何痕迹，但因建大尝宫要花费数十亿日元的巨资，需要向国会申请资金，因此，一些记录被保留下来。而且日本人相信，届时天照大神会真的出现在天皇面前。

11 月 16 日、18 日两天，天皇、皇后举办了"大飨之仪"，招待列席"大尝宫之仪"的来宾；21 日，天皇、皇后赴三重县的伊势神宫举行向天照大神奉告即位礼正殿之仪和大尝祭圆满结束的"亲谒之仪"；26 日，去奈良、京都，为期两晚三日，在外留宿两天，是雅子皇后自 2007 年以来时隔 12 年的日程。12 月 3 日，天皇、皇后再回东京参拜昭和天皇及大正天皇陵，这样大规模的移动安排，确是对雅子皇后身体的极大考验。

虽然新天皇 2019 年 5 月 1 日刚刚登基，但可以看出天皇皇后非常重视国际亲善活动，11 月 25 日，德仁天皇刚完成了一系列的即位活动，就在宫殿会见了罗马教皇方济各。

富士电视台的评论员平井文夫在网上说：最近，宫内厅内部开始评价雅子皇后了，认为雅子皇后当初就很优秀，她这样的女子少见，最优秀的女性嫁给了皇太子，谁见到雅子与皇太子，都会喜欢，他们有魅力。宫内厅渐渐地承认雅子妃作为下一代皇后，头脑清晰，并且给予高度评价。这是怎么了？他们曾经差点儿把雅子妃摧毁，一般来说，谁也不会忘记……

不管怎么说，宫内厅不再找雅子皇后的茬儿，雅子皇后的处境也就好多了。

德仁天皇与雅子皇后也开始了"宫中革命"。

首先，从宫内厅网站上就看出了变化，许多内容上都标有"＜英文＞へ"，就是有英文版。另外，在皇室近影中，有上皇、上皇后及秋筱宫家的照片，一时没有德仁天皇和雅子皇后的照片，到 2019 年 12 月 9 日雅子皇后生日后，才登上了她一人的照片。在许多活动中，只有文字，几乎没有照片，就是说，天皇、皇后更注重隐私了，改变了以往皇室"灭私"的传统。

再一个就是"职住一体型"，即在"家中办公"，这样节约了警备及电热费等费用。

因为德仁天皇和雅子皇后的皇居住所仍在装修，他们暂住在原东宫御所。按以往惯例，公务都在皇宫中进行，从住所到皇宫往返，不仅需要配备车辆，还有警视厅的车辆打前阵，短时间内还会有交通管制。

而且，宫殿又高又大，启动冷暖设备很费电，在"3·11"东日本大地震时，明仁天皇和美智子皇后为了节电，就在住所进行过可能的公务。因此，新天皇皇后决定，除了宫中晚宴及人数众多的拜谒等外，均在御所办公，今后要成为常态。

据说，1989年，德仁皇太子参加其父明仁天皇登基时的"飨宴之仪"，正值日本经济危机之时，但仍有数千人参加，花费了近1亿日元，他就向身边侍从说"这样的宴席实在太过奢华"，并期望自己将来的宴席从简。

2019年10月22日，德仁天皇的"即位正殿礼之仪"成为日本史上"最寒酸的继位"。在宫中举办的"飨宴之仪"，虽然宫内厅还想保留传统七次的排场，但在德仁天皇"无此必要"的建议下最终缩减为四次，其中两次还采用较为非正式的"站餐会"，参加人数也控制在400人左右。新天皇、皇后将这个已经沿用1000多年的传统进行了更改。

同年11月10日，在东京街头举行的盛大即位庆贺游行活动中，德仁天皇与雅子皇后的"御驾"也放弃了自大正天皇登基以来使用的特制豪华劳斯莱斯汽车，改为日本国产敞篷车。据日本媒体报道，只这一项决定，就节省了4000多万美元。

由于5月4日一般参贺时，德仁天皇对他的大学同学说："你们戴上显眼的贝雷帽的话，我一下子就能认出来了。"于是，这天，德仁天皇的同学们都戴上了白色贝雷帽来到皇居广场前为游行助威，前面提到的乃万畅敏也在其中。而在游行过程中，雅子皇后又多次流泪。

德仁天皇和雅子皇后对上皇、上皇后非常尊敬，不仅经常去探望，在 2020 年 1 月 2 日的令和时代第一次新年"一般参贺"中，也请出了上皇、上皇后与日本国民见面，雅子皇后很用心地请美智子上皇后挥手，明仁上皇以慈爱的目光移向德仁天皇，既是对当今天皇的认可，也是对儿子的期望与关心，上皇、上皇后与天皇、皇后在公共场合同时出现在民众面前，也是日本史上第一次。

无论如何，2019 年 5 月 1 日开始，日本开启了"令和"年代，雅子妃也迎来了她得之不易的皇后时代。

纪子妃

　　纪子妃是日本皇室从大正天皇实行一夫一妻制以来，首位取代皇后生出皇位继承人的宫妃，她是当今德仁天皇的弟弟文仁亲王的妻子，在皇宫众多贵族出身的宫妃当中是出身最卑微的一个平民宫妃。

　　纪子妃总被众妃瞧不起，但她也是大学教授的女儿，从小在美国生活，还去过奥地利。据说，纪子当时虽然没有立即回答秋筱宫文仁亲王的求婚，但私底下模仿"录像带"中美智子妃的行为举止，甚至挥手的姿态。当她结婚后，也总要与皇太子妃雅子一比高低，一边抚养孩子一边上学，还拿了一个博士学位。

　　如此不服输的纪子妃，正巧遇到了生不出皇子的皇太子妃，也算天赐良机，她通过医学新技术成功怀孕，以39岁高龄冒险生下了一个男孩。

　　一心想当皇后的纪子妃，家中有了两位皇位顺位继承人，如丈夫当上天皇，她就成为皇后（可能性很小，丈夫只比当今天皇小五岁），即使没能当上皇后，儿子成为未来天皇，她就是皇太后。

　　自从生下皇子悠仁亲王，纪子妃一下子变得盛气凌人，国民开始怀疑她是否能很好地培养未来天皇，现在呼吁爱子做天皇的声音一浪高过一浪，如果纪子妃不能很好地培养悠仁亲王，不能得到日本国民的认可，那将竹篮打水一场空。

在嫁给秋筱宫文仁亲王之前，她姓川岛，名纪子，嫁入皇宫后，被称为纪子妃。

纪子作为川岛辰彦和川岛和代夫妇的长女，1966 年 9 月 11 日出生于日本静冈县静冈市骏河区恩赐财团济生会静冈济生会综合医院，这个医院当时是三笠宫宽仁亲王任总裁，即昭和天皇最小的弟弟三笠宫崇仁亲王的儿子、明仁天皇的堂弟。这样看来，纪子出生时也算是与皇室有了关联。她比雅子小近三岁，其实也是一个"国际派"。

纪子的父亲川岛辰彦曾在美国宾夕法尼亚大学研究生院留学，纪子 6 岁前一直在美国生活。她在费城上的幼儿园，1971 年 9 月在宾夕法尼亚的一所小学入学。纪子 4 岁时在美国学钢琴，5 岁时学骑马。

1973 年年初，因父亲赴任学习院大学副教授，纪子随着父亲回到日本，同年进入静冈市立中田小学校上一年级，9 月转学到东京都新宿区早稻田小学。1975 年 4 月，又转学到丰岛区立目白小学校上三年级。1976 年，进入学习院初等科。

1977 年，在纪子小学五年级第一学期结束后，父亲获邀成为位于奥地利维也纳的国际应用系统分析研究所（IIASA）的主任研究员，一家人又到奥地利生活了两年，纪子在维也纳的美国国际学校读了小学六年级，一边继续学习英语，一边学习德语。

在维也纳期间，纪子在郊外的骑马训练营体验帐篷生活，滑雪也是在维也纳学会的，她成绩优秀，在高二年级的滑雪教室里，她是唯一能滑最高级别线路的人，这些优势基因后来都遗传给了她的二女儿佳子。

1979 年 9 月，纪子一家回到日本，纪子的父亲作为学习院大学教授继续教书育人，全家人在学习院大学的校内职工住宅楼居住，纪子也进入学习院女子中等科就学，后升入学习院女子高等科。

纪子在奥地利生活时，跟随家族旅行，去过芬兰，在大学期间去过波兰。可以说，在大学之前，她与雅子有着类似的经历，也是从小辗转国内外，培养了独立的性格。

纪子能说流利的英语和德语。她年轻时出席艺术展等活动，可以用英语致辞。1993 年东京峰会，在皇宫为各国元首举办晚餐会时，纪子妃坐在美国总统克林顿的右手边，用英语与他交谈。2018 年 10 月，纪子妃首次单独访问荷兰，在结核预防国际会议上，用英语进行了演讲。

从大学开始纪子与雅子拉开了差距，雅子在美国哈佛大学、英国牛津大学留学，并进入外务省工作，而纪子进入的是学习院大学，相对来说接受的是保守教育，她毕业后直接进入皇宫，在价值观上两人开始产生差异。

按照日本人的说法，纪子妃与雅子妃在笑上就有差别，雅子妃笑起来是明朗的，而纪子妃的笑是隐忍的，颇符合皇室的标准模式。

纪子妃是贤妻良母型，更能适应宫中生活，结婚后，她陪着秋筱宫文仁亲王访问过许多国家，而雅子妃很难适应宫中生活，又因"子嗣"问题，被限制出国，在国际交往上，纪子妃与雅子妃总算一时"扯平了"。

纪子外表给人一种文静、淑女的形象，说话慢条斯理，声音细腻，且热心公益活动。高中时她被班上选为厚生委员，负责同学的福利，如医疗、卫生等。日本有厚生劳动省，主要掌管社会福利、医疗、卫生、公积金等，"厚生"一词意为"使人民生活富足"。纪子还在街头为麻风病患者募捐、推荐残疾人绘的明信片等。

1985 年，纪子进入学习院大学文学部心理学系学习，5 月纪子到大学校园内的书店去寻书，第一次与比自己高一年级的秋筱宫文仁亲王邂逅，并致以问候。那时，秋筱宫文仁亲王刚刚主办了一个以欣赏各地文化和自然为主的国际学院社团"自然文化研究会"，纪子就加入了这个社团，他们一起去白川乡的合掌村落等地调查研究，两人逐渐加深了交往。

秋筱宫文仁亲王当时虽然不是皇位继承人，但也是第一宫家，此前宫家也都是娶了贵族出身的妃子，或许他认为自己的母亲出身于平民家庭，纪子是平民当然也没有问题。

纪子很乖巧，与同学相处很好，她的同学说：只要纪子在，大家在一起的气氛就非常和谐。纪子不张扬，总在秋筱宫文仁亲王的身后跟着走。她很爱笑，文仁亲王总是护着纪子，他跟学友说："（纪子）是感觉很好的女孩呀！"秋筱宫文仁亲王兴趣广泛，喜欢打网球、摄影等，纪子与文仁亲王一起打网球、一起滑雪，还一起在雪地上荡秋千。

文仁亲王的学友说："两人约会吃完饭后，到神宫外苑一起散步，他们在树荫下接吻，这在当时的日本是属于超前行为。"

日本的国民性是"感情不外露"，直到现在，男女也基本上不在公共场合过分亲热，比如：在机场，妻子带孩子去送丈夫，很少有像西方或中国人那样拥抱、亲热的镜头，他们之间只是互相鞠躬，祝平安。在美国"9·11"事件发生后，日本派舰船在后方支援美国，我在电视上看到那些送自己的丈夫或恋人的女性，表情很严肃，互相保持一定距离相对，女人们即使有泪也只是在眼圈里转，不轻易流下来。可见，秋筱宫文仁亲王很前卫。

1986年6月26日，秋筱宫文仁亲王与纪子参加了在目白区附近的一个聚会，因纪子家在目白区，秋筱宫文仁亲王就送纪子回家，在人行横道处等红灯时，两人聊了一会儿，这时，秋筱宫文仁亲王忽然向纪子求婚："和我在一起好吗？"纪子回答说："能让我好好考虑一下吗？"

虽然纪子没有立即回应，但秋筱宫文仁亲王很早就带纪子去见了在叶山静养中的父母，又邀请她到宫中。纪子的父亲是学习院的大学教授，明仁皇太子及美智子妃当时在学习院大学马术部的联谊会上，多次与纪子的父亲川岛辰彦会面，他们心中已经知道纪子这个女孩。

因此，秋筱宫文仁亲王举办网球活动，明仁皇太子与美智子妃也高兴地与他俩一起打双打。明仁皇太子还称纪子"キコちゃん"（纪子小姐），日语中的"ちゃん"主要是用来称呼孩子或让人喜爱的年轻人，还推荐小吃给她，让纪子很自然地融入明仁皇太子一家中，可见，明仁皇太子对纪子的满意程度。

纪子在大学时，除了参加文仁亲王的自然文化研究会，还进入心理研究会、哑语社团。据说，她在文化节上观看哑剧后非常感动，开始学习哑语，同有语言障碍的学生一同听讲座，一边做翻译，一边记笔记。之后，不仅在日本国内，在海外也用哑语与听力障碍者交流。

纪子还参加为残疾人推轮椅、照顾自闭症孩子等志愿者活动。这些都是美智子妃在积极努力去做的事情，无疑纪子也深得美智子妃的喜爱。可以说，纪子很勤奋，且有着自己的目标。

明仁皇太子指示当时的东宫职员："希望积极地商谈两人的事情。"宫内厅职员都知晓两人在交往，为了防止被当成杂谈报道，在和友人进行小组活动时，两人故意分开照相，记者靠近时，友人就混到他们中间。

即使两人之间的关系进展顺利，秋筱宫文仁亲王与纪子从1986年在大学校园相识到订婚，中间还是隔了三年零三个月。

秋筱宫文仁亲王是1988年大学毕业，夏天就去了英国，不过，由于昭和天皇病危及至驾崩，他时常会回到日本，并列席参加各种活动。在日本期间，有机会就与纪子见面，两人常谈及未来的生活设想。

秋筱宫文仁亲王赴英国牛津大学留学了两年，虽然中间有时会见面，但纪子还是非常担心，有一次，她满含热泪地向她真心依赖的前辈倾诉说："留学中遇到新欢或许也是没有办法的事，但为什么非去不可呢？"

好在两人不仅没有分开，爱的纽带也越结越紧，甚至传到记者圈里的消息颇具冲击力，秋筱宫文仁亲王说："即使抛弃皇族身份，也要与纪子结婚。"

1989 年 1 月 7 日，昭和天皇驾崩，皇族有一年的服丧期，但在同年 8 月 26 日，纪子刚大学毕业不久，宫内厅就公开发表了两人订婚的消息。9 月 3 日，秋筱宫文仁亲王与纪子的朋友们就为他们庆祝，专门为他们举办了一场网球大赛。

1989 年 9 月 12 日，经过皇室会议一致通过，发表了秋筱宫文仁亲王与纪子的内订婚约。下午，在赤坂御所召开了两人订婚记者见面会，秋筱宫文仁亲王坦率地说出是他向纪子求婚的："和我在一起好吗？"纪子坐在文仁亲王旁边一个劲儿地笑，文仁亲王又说："她是一个快乐的人，很可爱。"

订婚记者见面会十天后，两人到神奈川县的水族馆约会，周围人向他们祝福，纪子还有些羞涩。

「映射在水面上的七彩虹」

因是在昭和天皇服丧期，有人认为这时订婚实在太异常，结果，宫内厅找出1951年的例子，顺宫厚子内亲王（现池田厚子，昭和天皇的第四女）在贞明皇后去世后的两个月，发表了订婚消息，而秋筱宫文仁亲王与纪子的订婚时间比这隔得还长一些。于是，宫内厅判定已有前例，这次也没问题。

皇室服丧分为三期，第一、第二期各50天，共100天，第三期被称为"心丧"。这期间，以天皇为首的皇族可以出席公务活动，只是不能做神事，而且，原则上，结婚等祝贺活动不能举办，如有特别理由会得到承认。

宫内厅向来苛刻，为什么会对纪子开绿灯？其中一个原因，是纪子的父亲是学习院大学教授。日本人对教师是非常尊重的，在日本，可称为先生的人：一是教授、副教授；二是医生、律师；三是受尊重的人，如贵族；四是政府高官等。

还有就是因为秋筱宫文仁亲王的性格洒脱随性。他在个人生活上比较自由开放，又很大男子主义，不只是他的父母和哥哥，纪子的父亲也担心两人关系出现裂痕。

秋筱宫文仁亲王的哥哥德仁皇太子尚未结婚，一般情况下皇家会首先考虑长子的婚姻问题，但对于秋筱宫文仁亲王来说，尽管皇室仍处于服丧期，明仁天皇和美智子皇后还是说"尊重孩子的选择"。德仁皇太子也希望宫内厅尽早促成弟弟文仁亲王和纪子成婚。宫内厅干部也乐见其成，说："纪子妃是一般家庭，没有什么大问题。"

秋筱宫文仁亲王，作为现今明仁上皇和美智子上皇后的第二个皇子，当今天皇德仁的弟弟，于1965年11月30日在宫内厅医院诞生。当时的明仁皇太子与美智子妃为孩子们营造了一个温馨的家庭环境，但在德仁亲王与秋筱宫文仁亲王的教育上刻意有所不同，明石元绍说："不允许皇太子撒娇，不拉他的手。打网球时，天晚了，文仁亲王仍可以继续打，但对皇太子殿下就说'还要学习'，阻止他再打下去。"

美智子妃的第二胎流产了，实际上，文仁亲王是第三胎，以前中国人爱把老三说成"猴三"，就是说性格上比较活泼。秋筱宫文仁亲王少儿时代，给周围人的印象就是"调皮"，在性格上比较活泼。

由于哥哥德仁皇太子迟迟不结婚，文仁亲王就开玩笑地说他哥哥因个子矮、腿短，不是女孩子喜欢的类型。他也比较追求新潮，对相机情有独钟，只要有新款相机马上就要弄到手。

德仁皇太子作为家中长子，也对弟弟、妹妹照顾有加，他当然知道弟弟文仁亲王的脾气秉性。就在秋筱宫文仁亲王与纪子订婚前的一次记者见面会上，当记者提出关于文仁亲王婚约问题时，德仁皇太子回答说："发自内心地祝福，川岛纪子之前经常来玩儿，我们把她当妹妹一样看待，（中略）弟弟和纪子非常般配。川岛家经常来商量，两人间出现不稳定就不好了，我也是极力支持两人结婚的，我想尽我所能做些事情。"

那时社会上也传出文仁亲王的一些绯闻，说他经常去印度尼西亚、泰国寻找美女。秋筱宫文仁亲王喜欢到东南亚各国去访问，如泰国、印度尼西亚、柬埔寨等，尤其与泰国王室关系很好，他结婚时，泰国诗琳通公主特地去日本祝贺，泰国大使馆举办活动时，文仁亲王一家都有出席。

而且，秋筱宫文仁亲王不仅在性格上比较随性，也很大男子主义，纪子妃则乖巧可人，将会是一个贤惠的媳妇，所以，明仁皇太子夫妇非常看好纪子。

当时宫中已发表秋筱宫文仁亲王与纪子的结婚大典于1990年6月29日举行，但1月到6月期间，秋筱宫文仁亲王一直在英国，6月21日才回来，距离结婚大典只有一周的时间。

秋筱宫文仁亲王虽然不是皇太子，但毕竟是皇家人的结婚仪式，"神前结婚式"、婚车游行等也要进行，宫内厅虽然会用心准备，也是需要当事人配合的。

另外，秋筱宫文仁亲王与纪子结婚后要有自己的寓所，新房要装修、装饰必不可少，也要合自己的心意。而文仁亲王对新家的设计不关心，按他自己的话说："看了改建（旧秩父宫邸）的平面图也不知所以然，完全按纪子的想法办。"

纪子后来在记者见面会上披露说："关于新生活的准备和调配

想与宫家商量，但当时没有普及邮件，打电话或传真又与英国有时差，不能马上取得联系。该决定的事情很多，我还在学校上课，宫内厅的职员，包括改建和装修在内，非常认真地考虑并提出方案，在旁边支撑着我，这是借助许多人的帮助才得以完成的。"

其实，我看到的影像中，文仁亲王在英国牛津大学留学期间，经常与纪子妃通国际电话或写信，纪子曾说："礼宫已是我内心里定下来的人了（心上人）。"可见，与时差没有关系，秋筱宫文仁亲王就像个"甩手掌柜"，纪子自己甘愿全部承担下来。

纪子从小学四年级开始一直在学习院上学，耳濡目染，也能知晓宫中的事，且学的专业是心理学，在待人接物方面很有自己的一套，她能主动接近秋筱宫文仁亲王应该说也是有心理准备的。

所以，纪子嫁入宫中没有更多的违和感，与宫内厅的人也相处得很好。由于纪子一家人住在三室一厅的学习院大学教职工的住宅楼里，因此，媒体报道时称纪子为"3LDK（3室1厅）公主""普通家庭诞生的现代灰姑娘"。

一年的服丧期结束后，1990年1月12日，皇家举行了"納采の儀"，之后，明仁天皇和美智子皇后请纪子家人到皇宫共进晚餐。消息传出后，秋筱宫文仁亲王与纪子得到了日本国民的祝福，当时长得像"瓷娃娃"似的纪子很招人喜欢。

1990年6月29日，"瓷娃娃"纪子穿上十二单衣，那是浅黄色底上淡淡桃色的圆纹唐衣，下面能看到长尾鸡的圆纹外衣，五层衣，梳着古典的大垂发。纪子的父亲形容她"是映射在水面上的七彩虹"。

之后，秋筱宫文仁亲王与纪子妃换上结婚礼服，坐上有顶篷的轿车（美智子妃坐的马车与雅子妃坐的汽车都是敞篷的，为了向民众挥手致意）。从皇居到赤坂新居行进，沿途三千米，有三万多日本民众围观。当车行走到二重桥时，民众看到车中纪子的笑脸，发出一阵欢呼声。

秋筱宫文仁亲王潜心于对鲶鱼的研究众人皆知，被称为"鲶鱼殿下"，因此，结婚时，纪子送给他鲶鱼形订婚戒指。两人结婚同日也创设了秋筱宫家，这是平成时代的唯一宫家，纪子妃也销了户口，被记入了皇统谱。

1990 年 6 月 29 日，富士电视台做了特别节目，即成婚纪念节目《平成灰姑娘纪子物语》，以动画片的形式描述两人相识、相知及相爱的过程。在日本，电视台为皇室成员做动画片极为少见，当时，在日本出现了一股"纪子热"。

总之，秋筱宫文仁亲王与纪子从恋爱到结婚没有太大的波澜，尽管纪子妃也是平民，但毕竟文仁亲王是宫家，与德仁皇太子终要成为天皇以及担负着为皇室延续后代的重任相比，他们结婚一事对皇室来说不需太严苛。

里里外外一把手

在日本，纪子妃是被国民公认的理家和执行公务上的宫中模范，但秋筱宫文仁亲王说："我和妻子基本上是不同世界的人。"大概因为夫妇二人在境界上的差距，文仁亲王与纪子妃经常吵架，这在宫中已不是新闻了。

纪子妃在与秋筱宫文仁亲王结婚后的第二年（1991年10月23日）就生下了大女儿真子内亲王，虽然不是皇孙，但是明仁天皇和美智子皇后的第一个隔代亲，还是给皇室带来了欢乐，况且当时德仁皇太子还没有结婚。

1994年12月29日，纪子妃又生下二女儿佳子内亲王。由于1993年6月德仁皇太子与雅子结婚后，雅子妃几年没有怀孕的征兆，为了减少对雅子妃生子的压力，宫内让纪子妃控制了生育。

真子和佳子的名字都由其父亲秋筱宫文仁亲王亲自命名，寄托的寓意分别是："勿失天性，自然无矫饰，踏实地走过人生"，名为真子；"拥有健康的体魄和坦诚直率的品格，身心俱佳"，名为佳子。姐妹俩从 1997 年开始，就一同参与天皇主持的稻作，非常勤奋。

纪子妃与秋筱宫文仁亲王将两个女儿培养得很优秀，从小学到高中都是中规中矩地去学习院的系列学校上学。真子上中学的时候，纪子妃还送她到自己的维也纳友人那里寄宿了两个星期。纪子妃爱好齐特琴，常用此琴给孩子们弹唱维也纳民歌。

2005 年，上中学的真子就陪同父母出席公务和接见来宾。第二年，她跟随父亲一同到访有 1300 多年历史、祭祀天照大神的伊势神宫。神宫每 20 年迁宫一次，那年正是第 62 次迁宫之年，真子能亲自参与，是非常难得的体验。

2008 年，上高中的真子开始单独执行公务，4 月 20 日，出席了东京上野动物园举办的"儿童动物园开园 60 周年及野马赠送仪式"，在 20 岁成年之际，参拜宫中三殿，并参加在皇居宫殿内举行的天皇亲授勋章仪式，荣受宝冠大绶章。

2010 年 4 月，真子进入日本国际基督教大学教育学部艺术科学系学习，是此校第一位就读的皇族子弟。

真子内亲王自 2015 年首次出国访问，陆续访问了萨尔瓦多、洪都拉斯、巴拉圭以及不丹等国家。我朋友在机场见到过真子内亲王从海外归来，因真子内亲王坐的是头等舱最先出来，出口处站着两个警察，平时那里是没有警察的，这就算是对皇族的待遇了。

二女儿佳子在 2013 年 4 月，先进入了学习院大学文学部教育学系就读学士学位，但于 2015 年，也转入了姐姐真子就读的日本国际基督教大学学习。

佳子正像她父亲期待的那样健康、坦诚，也遗传了她母亲纪子妃优秀的运动基因。自 2005 年小学四年级就参加花样滑冰大赛，2007 年，在"Spring Trophy 花样滑冰大赛"中获得冠军，接受了电视台的采访。并于同年开始与母亲一起出席公务活动。高中时，佳子与同学组成五人团体参加舞蹈表演等。

佳子被称为皇室最漂亮的公主，身材好，像个时装模特，深受日本国民的喜爱，电视台也愿意采访她，她很抢镜，一时间势不可当，在日本全国掀起了一股"佳子公主热"。

佳子也非常热衷于公务活动，在转入国际基督教大学的第一个暑假，就出席在日本静冈御殿场召开的"全日本高等学校马术竞技大会"的开幕式，又与父亲一起访问了滋贺县等，暑假的"档期"爆满。

自从雅子妃嫁入皇室，皇室气象大变。纪子妃的两个女儿也都不在学习院上大学了，去了日本国际基督教大学，都变得很有个性。

在日本，有一种说法曾名噪一时：纪子妃没有参加工作就嫁入皇室，被人认为是"旧式王妃"，而雅子妃从哈佛大学毕业后，又进入东京大学法学系学习，之后到外务省工作，其间又到英国牛津大学留学，她是"新时代皇室的象征"。

没有比较就没有伤害，纪子妃私底下暗暗地较劲，婚后接连生了两个女儿，但仍然坚持学习。1995 年，在学习院大学大学院人义科学研究系修完了心理学专业博士前期课程。2013 年，获得茶水女子大学的人文科学博士学位。

天皇、皇后及皇太子一家是五口人，一年的内廷费是 3 亿

2400 万日元，而秋筱宫一家在生悠仁亲王之前虽然是四口人，但一年的皇族费只有 6710 万日元，因此，纪子妃极力节省，在记事页的背面也写满了字。她不仅勤俭持家，还特别爱干净，把家里整理得井井有条。

秋筱宫文仁亲王遗传了昭和天皇、明仁天皇对动植物、鱼类研究的偏好，担任了许多与此相关的职务，可以说，他几乎无暇顾及更多的家中事务。

秋筱宫文仁亲王大学二年级时就成立了自然文化研究院，后在英国牛津大学留学的两年时间学习鱼类分类学，分别在牛津大学博物馆及伦敦自然博物馆在职一年。

文仁亲王在财团法人进化生物学研究所从事家禽类研究，还担当山阶鸟类研究所的所长。为了研究禽流感病毒，还专门到泰国、中国等国家进行基因调查。1996 年 9 月 30 日，他因进行基于遗传因子解析家鸡起源的研究，获得综合研究大学院大学的理学博士学位。

他还担任社团法人日本动物园水族馆协会会长，财团法人世界自然保护基金日本基金会主席、日兰（荷兰）协会名誉主席、特定非营利活动法人全日本爱瓢会名誉主席等职务，并在东京农业大学指导学生，成为东京大学综合研究博物馆的特聘研究员等，前前后后共担任了 18 个职务。

虽然家中事务几乎由纪子妃一人承担，但她自己也担任了许多职务：皇室会议预备议员、结核预防会会长、大圣寺文化·护友会名誉会长（公财）、恩赐财团母子爱育会会长（社会福利）、日本红十字会名誉副会长、日本学术振兴会名誉特别研究员、茶水女子大学人间发达教育科学院研究所特别研究员等。

因此，纪子妃不仅一场不落地陪伴着秋筱宫文仁亲王出席各种公务活动，她也自己出席各种文化或慈善方面的活动，同时，宫中祭祀也没含糊。由于雅子妃长期疗养，纪子妃还担负起许多皇太子妃应该执行的公务。

纪子妃还与婆婆美智子皇后关系处得非常好，时常陪伴在明仁天皇和美智子皇后身边。

她从不拒绝出席记者见面会，且谦逊有礼；还学习手语，与聋哑学生一起上课，为他们翻译老师的讲义等。她做事谨小慎微，总说在宫内厅的帮助下如何如何，因此，纪子妃深得宫内厅干部及日本国民的欢心。在纪子妃的努力下，她和秋筱宫文仁亲王在宫内厅和日本国民的眼中堪称"劳模"。

另外，纪子妃不仅陪同秋筱宫文仁亲王在国内执行公务，还经常一起出访海外，截至平成三十年（2018），夫妇二人赴国外访问达 30 余次。

虽然秋筱宫文仁亲王和纪子妃在外人看来比翼双飞，对执行公务和宫中祭祀都很尽心。但秋筱宫文仁亲王毕竟是二皇子，在宫中长大，贵族精神还是深藏于心的，而纪子妃尽管在努力适应皇宫生活，并非常勤奋，但在意识上很难一步到位，还是需要秋筱宫文仁亲王的引领和帮助，他们之间也难免在某些问题上产生分歧。

1998 年，江森敬治出版了《秋筱宫亲王》一书，其中写道："我（秋筱宫亲王）想一直珍视宫中祭祀，在拜礼时所持有的心情非常重要，我经常是以向先祖说话的心情鞠躬行礼。"

美智子皇后也曾对记者说："秋筱宫文仁亲王从小就对事物感受很深，表面上表现出若无其事的样子，但按照自己的想法拼命思考的劲头，到现在也没有改变。""礼宫是一个细致关切的孩子，他时常警惕着，担心我被误解。"

正如美智子皇后所说，文仁亲王是个非常细心的人。他的妹妹清子内亲王 30 多岁时还未出嫁，父母既心疼又着急，这时，是秋筱宫文仁亲王为两陛下解了燃眉之急。

清子内亲王的丈夫是秋筱宫文仁亲王从学习院初等科一直到大学的学友黑田庆树，两人是莫逆之交。高中时，文仁亲王是摄影部部长，黑田是副部长，且参加了秋筱宫主办的"自然文化研究会"，与纪子妃也很熟悉。所以，黑田庆树小时候就见过明仁天皇和美智子皇后，也见过清子内亲王。两人结婚后，过得很幸福。而且皇女下嫁平民，这在日本皇室历史上也是头一回。

2019 年 4 月 30 日，在宫殿"松之间"举行明仁天皇的"退位礼正殿之仪"，美智子皇后有点步履蹒跚，随后走过来的秋筱宫文仁亲王下意识地右臂抬了一下，似要保护母亲的样子，看到母亲走上台后，表情才松弛下来。

秋筱宫文仁亲王曾反对德仁皇太子极力维护雅子妃的做法，在公开场合指责德仁皇太子说："为了维护雅子妃而罔顾皇室尊严。"在德仁皇太子做出"人格否定发言"时，他说："在记者会见这样的场合发言前，我认为应该至少要与陛下沟通一下内容，在此基础上再说。我感到很遗憾！"

2007 年，在秋筱宫文仁亲王与纪子妃共同出席的记者见面会上，记者问了他们与雅子妃在记者见面会时的同一个问题："两殿下夫妇圆满的秘诀是什么？夫妇吵架时，怎样和好？"

文仁亲王听后一笑说："看上去我们很圆满，是吧？我和妻子基本上是不同世界的人，这也是自然而然的。考虑问题时，我们有相同的地方，但更多是不同，因此，我们双方尽量将所思所想传达给对方，在双方达成一致意见的过程中，就会有争吵（笑），但将自己的想法充分告诉对方，就会加深理解。"

纪子妃说："我平日没怎么考虑过夫妇圆满的秘诀，对此非常困惑。像宫家刚才讲的那样，互相交换意见，传递心情很重要……我自己抽时间学习各种知识，多进行思考，通过相互学习，最后建立相互信赖的关系，我将珍惜这种关系。"

由于纪子妃是小家碧玉，在宫中贵族圈里小心又小心，内心难免会感到很压抑，只能向自己的丈夫撒气。但在外面，她极力表现出温柔贤惠，给足了文仁亲王面子，她说话时，与美智子皇后如出一辙，轻声细语、清晰缓慢，还时常在发言时转向文仁亲王说："二皇子，我总结得不好，麻烦殿下补充好吗？"

因此，秋筱宫文仁亲王与纪子妃给外界一种琴瑟和鸣的印象。秋筱宫的称号取自奈良县奈良市著名的和歌题材胜地"秋筱"，在当地成为一段佳话，人们还把秋筱寺的伎艺天立像（佛像）说成酷似纪子妃。

德仁皇太子赏识雅子妃的才华，婚后对她精心呵护；而文仁亲王在家中处于主导地位，经常与纪子妃吵架。但据说纪子妃生了悠仁亲王后，他的脾气变得好多了。

母凭子贵

2006 年 2 月 7 日，日本某媒体独家报道了 39 岁高龄的纪子妃怀孕的消息。2 月 25 日，宫内厅正式发表了纪子妃怀孕新闻。

要说来纪子妃也真不容易！她和秋筱宫文仁亲王征求了多位医生的意见，最后，以分隔男女精子的新技术成功怀孕，他们对友人说："想到天皇一个人在那苦恼着的心才下决心怀孕了。"

最初，秋筱宫文仁亲王与纪子妃是不同意事先进行性别检查的，以防媒体过度报道。日本皇室也一反传统。之前天皇家诞生后代都是在皇居内的产殿或宫内厅医院，这次安排纪子妃在东京都港区南麻布的爱育医院生子，这是一家在妇科方面极具权威的私立医院，也就是说，在皇室历史上头一次选在民间医院诞生皇子。

2006 年 8 月 16 日，纪子妃感到阵痛，在秋筱宫文仁亲王的陪同下住进爱育医院。由于纪子妃是胎盘前置，存在大出血的可能，天皇、皇后对纪子妃的身体非常牵挂，宫内厅公布了日本史无前例的皇族剖宫的做法。9 月 6 日上午 8 点 27 分，纪子妃经剖宫产诞生了一个男孩，身长 48.8 厘米、体重 2559 克。

这是皇室自秋筱宫文仁亲王诞生以来，相隔 40 年零 9 个月再次诞生的皇族男子，也是平成年诞生的唯一男系男子。当日，就在皇宫举行了赐剑之仪，由孩子的爷爷明仁天皇赠送守刀。

来自 21 个国家的元首给明仁天皇和美智子皇后发来贺电，31 个国家的元首给明仁天皇发来皇孙诞生的贺电，土耳其托普卡帕宫博物馆馆长还将从未送出国门的国宝"金摇篮"借给日本皇室。2007 年 8 月至 9 月，"金摇篮"在东京美术馆举办的"托普卡帕宫殿至宝展"上特别展出。

对日本皇室来说，不可不说纪子妃功高至伟，秋筱宫夫妇还以"能为国民起到作用"为名申请提供脐带血，在日本一度成为热议话题。

在日语中，剖腹生孩子称为"帝王切开"，这个词来源于古代罗马。在古罗马，有被称为"遗儿法"的法律，即规定孕妇分娩时如果死亡，要在埋葬她之前切开腹部，将胎儿取出。日本皇室的人当然忌讳了，据说美智子妃生孩子时也很困难，但宫中人坚决不同意剖宫，说："怎么能在皇族身上动刀子呢？"可见随着时代的发展，皇室观念也发生了变化，此一时彼一时。

纪子妃生下男婴时，明仁天皇和美智子皇后正在北海道执行公务，秋筱宫文仁亲王立即给德仁皇太子打电话，皇太子说："祝贺顺利出产，祝福妃殿下手术顺利！两殿下和亲王殿下多保重身体。"

天皇、皇后从北海道回来后，于 2006 年 9 月 10 日到医院看望纪子妃，美智子皇后送给母子白色婴儿鞋，秋筱宫家珍惜地保管着，在悠仁亲王一岁生日拍的写真上可以看到这个鞋装饰在沙发边的桌子上。9月11日，德仁皇太子与雅子妃及他们的女儿爱子也一同去探望纪子妃母子。

2006年9月12日，皇宫为新生儿举行了"命名之仪"，其父秋筱宫文仁亲王为他命名为"悠仁"，"希望孩子以悠然的心情，长久地走过人生"，其意取自中国晋朝诗人陶渊明《饮酒诗》中的"悠然见南山"一句，一家人给他的爱称是"悠悠"。悠仁亲王的徽印为"高野槙"，是日本特有的一种槙树，意为"希望把孩子培养得高大挺拔"。

尽管悠仁亲王是皇室的命根，但因为出生在宫家，又不是户主，没有他父亲"礼宫"那样的称号，也不能冠以"秋筱宫"的宫号，只能因袭古老习惯称为"秋筱若宫"。可见，皇宫规矩相当教条，现在明仁上皇的三个皇孙女、一个皇孙中，只爱子有宫号"敬宫"，这也为呼吁女性天皇埋下了伏笔。

美智子皇后在2006年的生日记者见面会上，虽然提到期待见到敬宫爱子内亲王和她的"着袴之仪"（皇室孩子5岁时，为了祈祷健康成长举行的传统仪式），但以这年为分界点，在发言、记者见面会时，都不再对敬宫爱子称敬宫，而是直接称呼爱子了。

9月15日，悠仁亲王从爱育医院出院，到赤坂御用地秋筱宫邸时沿街聚集了1800人，包括警视厅机动队等的警备人员在内，一共出动了1200人来维持秩序。

在悠仁亲王出生前的2005年，由于明仁天皇孙辈没有男性子嗣，皇位继承问题成为社会热点，随着2006年9月6日悠仁亲王的诞生，皇统断绝危机一下子消除了，全日本上下一片欢腾，以明治神宫为首，各地的神社、神社厅，都举行了神舆奉纳（抬神轿向神佛献供）、提灯行列（灯笼游行）、奉祝行进等祝贺活动。各报纸杂志在当天都发了号外，各地举行盛大的庆祝活动，当然，商家更是乐此不疲，此事在当年带来了 1500 亿日元以上的消费，拉动了日本经济增长。

纪子妃生下了悠仁亲王，皇室大松了一口气，当然，日本保皇势力更是欣喜若狂，纪子妃在宫中的地位相继提高，社会上赞扬她是天皇、皇后的贤惠儿媳的人也增多了。

在日本开始出现了这样的言论：纪子妃在海外成长、有语言天赋，"学习院学习、没有工作经验"是在传统世界里让人安心的类型。作为次子的媳妇，均衡地做到了经营家庭与培养孩子，在最好的时机顺利地生下了男嗣的纪子妃，无论如何都称得上是"职业儿媳"。

而纪子妃一直心里有自己的理想目标，没结婚前就私底下模仿录像带中美智子妃的行为举止，甚至挥手的姿态。结婚后，更是时时以美智子皇后为榜样，她的宫中礼仪指导与美智子皇后起用的是同一人，都是岩国藩主吉川氏的后裔、宫内厅官僚吉川重国。

由于雅子妃没能生出皇子，这时纪子妃在 39 岁高龄生下悠仁亲王，这让她绝地反击，成为皇后或皇太后已不再是梦。她一直压抑的心情一下子大爆发，觉得自己出头的日子到了，可是她的地位并没有立即跟着改变，仍然是宫家，还在原地踏步。于是，纪子妃在不知不觉中出现的一系列做法和不绝于耳的抱怨，甚至叛逆行为，引来日本媒体和国民的唏嘘声。

许多日本民众议论说，纪子妃是个很有心机的女人，她无法改变丈夫秋筱宫的次子身份，但她抓住了机会冒着风险生下了儿子，硬是扳回了决胜一局。

首先，在皇族费的问题上，本来内廷人与宫家皇族从身份和经济上一直就有着巨大差别，但纪子妃觉得现在家中有了未来继承皇位的儿子了，就应该与别的宫家不同。在家管账过日子的纪子妃看到还是与皇太子家存在着巨大差距，常常对宫中职员说："悠仁不只是我们的孩子，还是两陛下让我们保管的珍贵生命。"当然，纪子妃这话也不无道理。

其次，在人员方面，天皇、皇后和皇太子家的专属职员是70人，秋筱宫家的专属职员是20人。据在秋筱宫家工作过的人说：在宫内厅内，众人皆知秋筱宫邸工作量多且重。因此，纪子妃在职员不足的情况下，常常自己守着电话。她有两个口头语"这人手怎么够啊""能用的钱太少了"。

而且，纪子妃要求的服务水平很高，她给私家职员的费用很少，还频繁换人，原照顾她的侍女长刚上任不久就身体不适，一个星期没来工作。2018年春天，重新调来工作的女性职员，也受不了她的严格要求，不到一星期就辞职了。

每到年底，纪子妃更神经质了，对宫邸职员措辞更加严厉，比如对周围职员说"在我这干高兴吧""不觉得要感谢吗"等话，而职员们则会窃窃私语："雅子妃殿下成为皇后那天她肯定不开心吧。"

侍从中有人说：2019年5月秋筱宫家成为"皇嗣家"，现阶段人手不足，而做的事情繁多，纪子妃每天早晨召集职员做"朝礼"，连宫内厅干部也不放过。让人担心的是，纪子妃这样做，会对将来继位的悠仁亲王有"影响"，悠仁亲王能掌握将来不可或缺的"帝王学"吗？

2019 年 4 月 30 日，明仁天皇退位后，秋筱宫文仁亲王成为皇位继承顺位第一人，被称为"皇嗣殿下"，悠仁亲王为皇位继承顺位第二人，纪子妃也成了"皇嗣妃"。日本政府提高了秋筱宫一家的皇族费，由之前的 6710 万日元提高到 1 亿 2810 万日元，专属职员也增加到了 50 人左右，纪子妃服务两位皇位继承人，总算与新天皇家的距离缩小一些了。

但当纪子妃收到增加皇族费的报告时，她只说了一句"知道了"，私下却对周围的人说："包括人员在内，还能不能再增加点啊。"虽然纪子妃成为皇嗣妃，但秋筱宫家只是文仁亲王提高了待遇，纪子妃及孩子与其他宫家的王妃和孩子的待遇仍然一样，她大概还是内心有些不平衡。

纪子妃身边的人说："纪子妃的忧虑其实不是增额多少的问题，她一直盯着将来成为皇后，或者说国母，这种意识非常强烈。"

秋筱宫文仁亲王是明仁皇太子和美智子妃的二儿子，因此，他和纪子妃结婚后，在宫家中处于第一宫家的位置。但是其他宫家的妃子都出身于贵族，而纪子妃是平民出身，她的父亲是大学教授，母亲是普通上班族，从家里的财力和地位来说，比不过美智子妃家和雅子妃家，也比不上其他贵族宫妃，众贵妃都瞧不起她。又因为纪子妃常表现出小家子气，她把贵族们经常议论嘲笑她的话记录下来，写成信寄给婆婆美智子皇后，不幸被宫家拦截，知道了她爱打小报告，都对她敬而远之。

于是，纪子妃生了悠仁亲王后便"咸鱼翻身"了，她知道将来一定会在待遇和身份上发生改变，也开始把之前看不起自己的其他宫妃不放在眼里。

久子妃的丈夫是高圆宫宪仁亲王，他们为德仁皇太子和雅子联姻立下了汗马功劳，久子妃的外曾祖母与大正天皇的正妻贞明皇后是堂姐妹。她会英语和法语，获得了剑桥大学学士学位，分别被加拿大阿尔伯塔大学、爱德华王子岛大学授予名誉博士称号（法学）。因为她与雅子妃的学历相当，两人关系非常好，与纪子妃来往不多。

纪子妃生下悠仁亲王后，她与久子妃的矛盾也摆在桌面上了。久子妃两个女儿典子女王和绚子女王，分别于 2014 年和 2018 年结婚，纪子妃一家五口竟无一人到场。

常陆宫正仁亲王的华子妃也出身于贵族，她在宫中是老好人。日本宫中对穿着非常研究，纪子订婚时穿着 T 恤亮相，华子妃特意给她送去一套高级运动服，没想到纪子认为她瞧不起平民出身的自己，让自己难堪，之后对华子妃不冷不热。

在 2010 年的新年一般参贺时，皇太子夫妇出场后，纪子妃应该紧跟着文仁亲王出场，她却迟迟不动，挡住了常陆宫正仁亲王和华子妃的路，华子妃一气之下就对纪子妃摆出了驱赶的动作。

214

纪子妃生下悠仁亲王后，俨然觉得自己就要当皇后了。

如果不出意外，悠仁亲王将要成为日本未来的天皇，但现在仍然是宫家人，所以，他的教育费等还是从皇族费里支出。秋筱宫文仁亲王认为从皇族费里支出是应该的，但纪子妃却抱怨说："悠仁亲王的教育费应该从内廷费里出。"内廷费是天皇或皇太子的家庭支出费用，可见，纪子妃已经按捺不住内心了，她在说话和做事上一改以往的谦逊有礼，变得毫无顾忌了。

纪子妃在日本茶水女子大学就读过，她和文仁亲王让悠仁亲王在茶水女子大学附属幼儿园、小学和中学上学，因为他们觉得茶水女子大学有"自主自律"的校风。

但问题是，悠仁亲王没有能带到家里一起玩的朋友，因为别的孩子家长都不敢让孩子与悠仁亲王接近，担心自己的孩子与未来天皇一起玩，把他弄伤了怎么办？要是悠仁亲王在学习院上学，家世相当的同学很多，可以找到合适的学友。

现在，悠仁亲王每天放学回家，都是宫内厅职员陪他玩扑克、纸牌游戏等，他一输了就耍脾气，职员就故意输给他。于是，宫中大多数人批评说，这是忽视帝王学教育，太强调自主性，与皇室不合拍。

明仁上皇曾担忧悠仁亲王将来继承皇位的教育问题，他现在年纪大了，不能亲自教悠仁亲王"帝王学"，只能委托秋筱宫夫妇，但又不放心他们的教育。日本国民也质疑秋筱宫家能否很好地培养悠仁亲王。

有一次，在文仁亲王的生日记者见面会上，记者问他："您怎么看悠仁亲王的成长？"文仁亲王说："现在并不是一味地强调自我主张，他渐渐能认真地倾听别人说话，关心人的意识也比以前加强了。"

而纪子妃在被问到悠仁亲王教育一事时，却表现得盛气凌人，她周围曾有人给她提出建议，她立即打断别人的话说："我可是将来要做皇后的人，轮得到你说吗？"

某皇室记者说："我也听说这件事了，实在是太让人惊讶了。把天皇、皇后的地位看作至高无上的，话语间充满了将自己区别于一般人的优越感。纪子妃的话很容易引起民众的反感，且越过皇太子和太子妃，丝毫没有考虑到东宫的感受，纪子妃的发言是极其不妥当的。"

或许纪子妃只是对熟悉的朋友半开玩笑地这么说，但她毕竟是宫妃，媒体往往会夸大其说法。

文仁亲王曾说：关于天皇的生存方式，如何告诉悠仁亲王，如何向长男传递，我本人仍然没有这个定位，只能将陛下所言传递给长男、长女以及次女。

秋筱宫文仁亲王说得不假，"我本人仍然没有这个定位"是事实。在皇室，培养皇太子，让他学帝王学，只有天皇、皇后才有资格，而且，秋筱宫文仁亲王没有学过帝王学，也是勉为其难。与爱子可以接受父母亲授相比，悠仁亲王确实需要付出更大的努力。

尽管如此，文仁亲王和纪子妃并没有放松对悠仁亲王在"帝王学"上的素养教育。

2012 年 11 月 7 日，6 岁的悠仁亲王随父母去奈良县橿原市参拜神武天皇陵，并献上玉串。2013 年 3 月 15 日，随父母去武藏陵墓地（昭和天皇陵）和武藏野东陵（香淳皇后陵）参拜；同年 3 月 25 日，用了两天时间参拜了伊势神宫；同年 12 月 10 日，在冲绳县系满市的部绳战迹国定公园供花，参观和平基石。

2016 年 8 月 3 日，悠仁亲王参观了新潟县津南町的绳文土器，10 岁生日时，在秋筱宫邸院子里的农田种菜；2017 年 9 月 6 日，11 岁生日时，在东京两国国技馆观战大相扑等。现在，秋筱宫家的皇族费提高了，对悠仁亲王的教育费也会更多地付出。

其实，秋筱宫文仁亲王早在 2017 年 6 月，通过实现退位特例法时，就对周围人流露出拒绝即位皇嗣的想法，他说："哥哥 80 岁时，我 70 多岁了，之后我什么也做不了。"当皇室研究者说他"强烈想当天皇"时，他否定说："从没想过。"宫内厅干部说，秋筱宫文仁亲王的本意是希望悠仁亲王可以较早接受"帝王学"。

说来也是，明仁天皇是 86 岁退位的，如果德仁天皇也是 86 岁退位，秋筱宫文仁亲王也 80 多岁了，悠仁亲王到 40 岁才能被立为皇太子。皇太子要学的东西很多，立场也不同，会见外宾、执行公务时都有体现，特别是宫中祭祀时，只有天皇和皇太子才能进入宫中三殿，其他皇族只能留在庭院，悠仁亲王 40 多岁再学习宫中祭祀也真是太晚了。再者，如果早点立悠仁亲王为皇太子，也可让有"爱子天皇"想法的人断念。

现在日本呼吁女性天皇的声音越来越高，日本国民的舆论调查有 80% 的人接受女性天皇。2018 年 5 月 3 日，每日新闻调查为 79.6%；同月 13 日，经济新闻调查为 76%；同月 14 日，产经新闻调查为 78.3%。同时，批评秋筱宫和纪子妃的声音不绝于耳。

雅子妃的女儿爱子曾经有过"不登校骚动"，还时常请假，即"不规则上学"，但雅子妃没有放松她的教育。小山久子是东宫新设的养育专任女官，她是原学习院幼儿园的园长。她退任后继任的木本彰子，毕业于东京大学文学部西洋史学系，也是翻译家。所以，爱子的英语很好，德仁皇太子曾说："爱子的英语比我好。"如今，爱子是个学霸，成绩优秀，也很低调，雅子妃希望爱子以后能上自己的母校东京大学。

据日本媒体报道，纪子妃也曾为悠仁亲王上东京大学做准备，只是悠仁亲王的学习成绩中等，东京大学相关人员说："不会因为是皇族就特殊对待。"纪子妃想让悠仁亲王考上东京大学的农学部，现在已当上了虎妈，不让悠仁亲王看电视、玩电子游戏。

皇室记者表示：假如在东大一般入学考试中失败的话，悠仁亲王就会有很强的挫折感，即使合格了，复试成功率也仅为三分之一（从合格者中再次进行筛选）。同时，难免不会出现"由于是未来天皇，其他年轻人只能吞下泪水"（指占用学校宝贵的名额）

的说法。这样一来，为了避免与落选者及其家属成为"敌人"，就得走推荐路线。

纪子妃为悠仁亲王的东大升学问题操碎了心。势在必得的纪子妃曾向专业考试负责人询问过东大推荐入学的问题，此人告诉她：这是 2016 年开始的制度，通过高中学校向各学部提出申请，可由校长推荐男女各一名，对申请、面试、中心考试成绩综合评价后，决定是否录取。提出申请时，要列出奥数奖国际大赛奖的资料，要有实质性的突出成绩。同时，还要判断基础学习能力，中心考试最少得 80 分以上。这项政策到 2019 年已实施四年，竞争力最低的是农学部，每 1.6 人中选 1 名。

恰巧纪子妃最想让悠仁亲王上农学部，悠仁从小喜欢田间植物和昆虫，平时的作文写的就是《人在自然中生存》一类。皇室记者说：悠仁亲王写植物和昆虫的文章比较多，遗传了父亲基因，对地理学感兴趣。他对昆虫尤其有强烈的兴趣，有时间就蹲下来盯着地面看。

另外，悠仁亲王现在上的茶水女子大学附属高中，与有"内部升学"可能性的筑波大学附属高中签订了合作协定，虽有暗箱操作嫌疑，但纪子妃在为悠仁亲王通往东大农学部一步步地铺路。

而如今，爱子内亲王仍在学习院大学文学部日本语日本文学专业就读。纪子妃是否还要为悠仁亲王上东京大学而努力，只能视情况而定了。

2019 年 8 月 16 日至 26 日，秋筱宫文仁亲王夫妇带着悠仁亲王到不丹私人旅行，这是悠仁亲王首次海外访问，考虑万一发生事故的情况，秋筱宫文仁亲王与纪子妃母子分别乘坐飞机抵达。

他们选择带悠仁亲王去不丹，是考虑到不丹与日本在文化及精神性上正好相反，不同的风土人情及文化，可以让悠仁亲王进行比较，重新认识日本。

不过，这次访问不丹一事，与外务省之间出现了摩擦。通常皇室成员到海外访问时，要通过宫内厅式部职告知外务省，以请求对方国做接访准备，而外务省是看了 NHK 的报道才知道秋筱宫家的不丹旅行，相关人员惊愕地说："这怎么回事？根本没跟我们打招呼！"

外务省有足够的理由慌张，因为不丹没有日本大使馆，是由驻印度大使馆兼任。而且，秋筱宫家到访同日，印度总理莫迪正在访问不丹，对不丹王室来说，同时接待日本皇位继承者与邻国首脑负担过重，如果外务省知晓秋筱宫家行程，就可以调整日期，不会发生"撞车事件"。

外务省感到被忽视了，叹息道："虽然是私人旅行，访问海外时，为了避免不必要的麻烦，还是要尽早与外务省取得联系为好。"

在出行方式上，秋筱宫家原是宫家，出国访问时乘坐民用飞机，但成为皇嗣后，享受皇太子的待遇，应该乘坐政府专机，之前德仁皇太子乘坐的就是政府专机。而秋筱宫家不只是这次，6 月正式访问波兰和芬兰时也是乘坐的民用飞机。

可见，秋筱宫文仁亲王非常有个性或者说任性，但这样的任性是否会对悠仁亲王产生影响？

教子无方？

秋筱宫文仁亲王和纪子妃最初是按照宫中传统，将两个内亲王真子和佳子都送到学习院的系列学校学习，从幼儿园、小学、中学到高中。

但 2010 年 4 月，真子内亲王在日本国际基督教大学认识了男友小室圭，就是这个小室圭的出现，使民众对秋筱宫家的教育产生了质疑，并开始担忧秋筱宫文仁亲王和纪子妃能不能很好地培养日本未来的天皇。

2017 年 5 月 16 日，宫内厅长官山本信一郎宣布，秋筱宫真子内亲王与同年级同学小室圭订婚。

小室圭是经朋友介绍与真子内亲王相识的，一年后，他就向真子内亲王求婚，当时，秋筱宫文仁亲王和纪子妃认可两人关系。2017 年 9 月 3 日，真子内亲王与小室圭召开记者会，正式宣布订婚，并准备于 2018 年 11 月 4 日在东京的帝国饭店举行婚礼。

然而，两人订婚后，小室圭的母亲小室佳代被曝出丑闻，她在男女关系上混乱，还卷入债务纠纷，且信奉邪教，引起社会一片哗然。

尤其是小室圭在母亲东窗事发后，曾与文仁亲王见过六次面，一开始说对自己母亲债务之事一无所知，后来又承认自己说了谎。宫内厅很气愤，形容这是"婚姻诈骗"，美智子皇后也担忧小室圭的人品问题。

据记者说：小室佳代在小室圭小的时候就不惜重金对他进行"王子教育"，三岁时让他学小提琴，上私立小学。2002年，丈夫去世后，收入剧减，小室佳代就做临时工，为他挣学费。小室圭上的国际学校学费一年需要200万日元。

小室佳代在小室圭进入日本国际基督教大学的同时与一名男子订婚，要求对方援助小室圭的学费。该男子卖掉自己的爱车"美洲虎"，因交不起房贷而搬家，而小室佳代为了让小室圭去广播学院或美国留学，借了此人大约430万日元。小室佳代出手大方，而纪子妃节俭，且小室佳代母子的行为不符合皇室的价值观。

于是，2018年2月6日，宫内厅宣布真子内亲王与小室圭的结婚仪式将推迟到2020年举行。实际上，所谓"婚礼延期"，就是"分手"的前奏。宫内厅最担心的是小室家与新兴宗教之间的关系，小室圭的祖父、父亲都是自杀，母亲小室佳代也曾一时醉心于灵魂附体的人（一种宗教信仰）。

即使真子内亲王结婚后脱离皇籍，但皇室经济法第6条规定，为了保持皇族品位要支付1亿5000万日元，这是日本国民的税金，不得不考虑国民的看法。虽然日本宪法规定信教自由，但与不明宗教牵扯上，不能不说这是一个问题。

在宫内厅宣布真子内亲王与小室圭的结婚仪式推迟后，小室圭于同年 7 月赴美国纽约大学法学院留学三年，他在真子生日时，临时回了一趟日本。宫内厅干部说：真子内亲王与小室圭最后见面是在 8 月初，之后两人在 LINE（日文版微信）上互相交流，我们只能远观其景，如果用语言形容，真子对小室的爱恋应该用"思念"形容最恰当吧。

真子的妹妹佳子从日本国际基督教大学毕业时，宫内厅记者向她提了五个问题，其中，第四问就是：真子内亲王的结婚仪式延期了，作为家族的一员你怎么看？佳子内亲王答道："我认为，在结婚问题上，本人的意愿最重要，因此，我希望姐姐能够实现作为一个独立人的愿望。我还认为，媒体等在接收信息时，对其可信度及信息源的意图等进行慎重考虑是很重要的。"明显佳子在为姐姐真子声援。

佳子还在网上写道：想自由地生活，只能脱离皇室，只要在皇室生活就需要有这种失去自由的觉悟；我不认为我是有皇位顺位第一和第二继承人的宫家的内亲王……

皇室记者说：现在，佳子只与秋筱宫夫妇谈公务上的事，说明秋筱宫家内的沟通不顺畅。

于是，2019 年 4 月 4 日，《周刊新潮》以《佳子火上浇油，谈及"小室圭问题"，追问秋筱宫的家庭教育》为题，批评佳子向父母"宣战"。

记者们开始对佳子的一系列发言和她的网上言论进行批判，日本国民表示失望："'一个独立的人'是站在普通国民立场上说的，皇族是不能这样表达的……这不是秋筱宫的教育出了问题吗？""这是完全没有考虑国民感受的肤浅说法，悠仁亲王以后不会有问题吧？"一时间，网上对佳子言论持怀疑态度的评论达到了数千条。

同时，日本媒体与民众认为佳子的言论是以宫内厅宫务课的名义发出来的，职员事先应该过目，如果他们觉得不合适，应该向佳子和监护人秋筱宫文仁亲王商量修改内容，或提醒佳子"谨慎回答"，他们没这样做，是秋筱宫家和宫中职员沟通不利。之前，关于真子和小室圭交往的事，秋筱宫家就完全没有告诉宫内厅，一味强调孩子的自主性，这是真子不能很好地处理身边事的原因。

针对这种呼声，秋筱宫文仁亲王说："如果不能让更多的人首肯的话，我们不进行'納采の儀'。"

佳子内亲王很漂亮，在化妆、衣着、发型上很时尚，甚至引起社会上广泛议论。于是，宫内厅担心秋筱宫一家比皇太子一家更加引人注目，希望佳子内亲王保持低调。

有一次，佳子身穿暴露的吊带背心与人"合宿"一事让周围人震惊不已（皇家人不能随便与人合住），美智子皇后很担心，婉转地对纪子妃说："还是稍微低调一些吧……""不要激起国民的厌恶情绪是不是比较好？"而一向对婆婆恭恭敬敬地纪子妃竟然干脆地回答："时代已经不一样了！"

"小室问题"后，纪子妃私下开始着手真子内亲王的夫婿候选人名单，即所谓的临时"王子候选人名录"。宫内厅干部说：对家世门第、成长环境、经历等是否有缺陷进行综合判断，"合格"的男子就列在宫内厅的名单上，适时更新。不只是旧皇族、旧侯爵的后代，财界大亨的儿孙、旧财阀系的公子、实力雄厚的企业家一族也在这个范围之内。

按照本田靖香所著的《现代家系论》一书中所讲的，只"家世"所具备的条件就很多，如资产、地位、声望和教养等，最少要沿袭三代，大约 100 年间都处于安定状态。

这次王子候选人名录没有选皇太子妃那么严密，但反映出时代的变化。以前在经济泡沫时代，宫家女儿选"王子"时，涵盖了股价总额在世界排前十的日本企业，如 NTT（日本最大移动运营商）以及在银行等工作的人员。但现在，IT 行业的人员增多了。

"小室问题"一直没有解决，不过，真子内亲王至今还对小室圭一往情深，拒绝与父母交流。如今，真子内亲王和佳子内亲王陪同纪子妃出席公务活动时，真子不与母亲说话，而佳子说母亲："话多！"

2019 年 6 月 27 日至 7 月 6 日，秋筱宫文仁亲王与纪子妃访问波兰和芬兰，在之前的记者见面会上，记者问他们关于真子内亲王的婚姻问题，文仁亲王说："我没有听到女儿谈起这个事，现在如何了，是怎么考虑的，我都不清楚。"纪子妃说："在这个问题上，我与宫家的答案一样。"

据媒体报道，真子内亲王在父母出国访问期间，计划对秘鲁、玻利维亚访问，在出发前进入皇宫向德仁天皇与雅子皇后道别，这是她第一次单独与两陛下会面，之前，都是与父母同行。

宫内厅干部说，皇族临出访前向两陛下报告，通常两陛下只会说："注意身体，健康出行。"但这次时间比较长，而且是在秋筱宫夫妇出国访问期间，或许真子内亲王是直接说明与小室结婚的决心，并希望得到允许。

就在新天皇即位活动的大尝祭结束后，"女性宫家"的话题又重新点燃。2019 年 11 月 9 日，在政府方针方面，时事通信社的消息称："允许女性皇族结婚后也保留皇籍的'女性宫家'提案浮出水面。"毕竟皇室男性成员越来越少，为了维持皇室活动的稳定，日本政府也不得不考虑这个问题，现在爱子内亲王和悠仁亲王均未成年，真子内亲王和佳子内亲王就得频繁地出席公务活动，一旦这两位内亲王结婚脱离皇籍，皇室成员能执行公务的人就太少了。

而小室圭与真子内亲王一直通过邮件和视频密切联系着，小室圭通过代理人时常向社会发出信号："与真子结婚的想法没有改变。"并对真子说："即使受到社会敌视也要呵护真子。"而真子也说："无论出现何种报道，比起媒体而言更相信小室。"

于是，皇室记者说：如果创设女性宫家，小室就成为准皇族，他可以不用工作，只执行公务，用税金支付的宫家预算就可以生活下去，其母亲的金钱纠纷问题也可以解决了。如果 2021 年两人结婚，真子内亲王就不需要脱离皇籍，可以说小室选择留学三年，三年后回来恰逢其时。

前皇室相关人员也说："就像这次换代一样，一旦活动临近，人们马上天真地烘托出庆祝的气氛，这是日本的国民性。无论现在怎样声讨，一旦正式发表小室与真子结婚的消息，祝福声就会强大起来。"真子内亲王痴心不改，或许多少也考虑到这个方面了。

看样子，真子内亲王也遗传了她爷爷或大伯的痴情。真子内亲王如今也近 30 岁了，再重新找到如意郎君，不只是时间问题，也是非常困难的事，因为日本民间人士很少有愿意与皇族联姻的。

第一次尝到了『失意』的滋味

当明仁天皇决定将皇位交给德仁皇太子后，雅子妃就将成为皇后，即使文仁亲王没有"篡位"的野心，也不代表纪子妃就可以收回她的内心欲望。何况纪子妃生了悠仁亲王后，秋筱宫文仁亲王一家在日本的曝光率极高，一时间他们夫妇二人大有取代皇太子和皇太子妃继位的势头。

2015 年 6 月 29 日，是秋筱宫文仁亲王夫妇结婚 25 周年，即银婚。向来成双成对出现在见面会上的二人，唯独这一年是特例，他们拒绝召开记者见面会，而是选择了以对话文书形式发表感想；连答记者问也不同意，只是回忆整理一下过往，用文字表达了感想。

文章共分为七章，秋筱宫夫妇以文仁、纪子的名字打头，从文仁向纪子打招呼开始，内容围绕约会、结婚日、新居、孩子成长到"夫、妻、作为家长"展开。

其中，令人吃惊的地方是最后的"夫、妻、作为家长"一章中的打分部分。文仁先说：听你和孩子对我的评价，感到自己的行为有点恐怖，这次自我评价一下吧，在"优、良、可、不可"几项上，我选择在"可"上画标记。纪子则说：我也友好地画上"可"，隐含着各种可能性的"可"，怎么样？

这个打分一下子引起波澜，有人说自结婚以来，纪子妃一直以皇后为榜样，很好地培养了两个内亲王，又生下皇位继承人，取得这么多"实绩"的纪子妃评价自己"可"，其与东宫（雅子妃）进行对照比较的意图已浮出水面。

某宫内厅干部感到恐惧地说：纪子妃殿下自结婚以来，对皇室"过度适应"，公务活动自不用说，还起到生下皇室后代的最大作用，给自己打个"可"，那就没有雅子妃殿下的位置了。本来就是有差异的家庭成员，不能这样单纯比较。雅子妃因病疗养了11年之多，如果有人从秋筱宫夫妇这次对谈的自我评价中找出"雅子妃殿下22年间'不可'"的话外音，也是意料之中。尽管秋筱宫夫妇可能本没有这个意思，但皇室周围好事者众多。

之前，天皇夫妇和皇太子夫妇都有过互相打分，给过努力奖、感谢奖等，既幽默，又互相鼓励，这次秋筱宫夫妇比较反常，所以，皇室记者山下晋司说："看情况，秋筱宫夫妇考虑到自身在皇室的地位，精神上不禁受到打击。"

由于雅子妃长期休养，美智子皇后曾担忧雅子妃当上皇后之后，因身体原因不能很好地执行公务。然而，雅子妃成为皇后以后，非常活跃，第一个月就出席了各项活动，并得到日本媒体及国民的一致称赞。

美智子上皇后让雅子皇后接替了全国红十字会名誉会长的职

务，而这方面的工作其实是纪子妃最擅长、最得意的，可以说，也是她得以安身立命并受到关注的最大资本，纪子妃之前一直认为自己会接任这个职务。

2019 年 8 月 7 日，雅子皇后首次作为日本红十字会名誉会长，携纪子妃以及华子妃、信子妃、久子妃出席了在东京都内酒店举办的"第十七次南丁格尔授章仪式"，表彰在护理等方面做出贡献的人，并颁发奖章。

雅子皇后是"大手笔"，不像美智子皇后那么细腻手巧，在给获奖者戴奖章时好像不那么顺手。不过，美智子上皇后看到雅子皇后能神清气爽地出席这个活动就已经颇感欣慰。纪子妃是作为名誉副会长出席的，她倒是不避讳，走得离雅子皇后很近。

纪子妃执行公务很积极，大概一开始以为雅子妃身体不好，如果执行不了什么公务，而德仁皇太子一人很难坚持下去的话，或许会提前退位。这样，自己就可以成为皇后了。可是，雅子皇后不仅执行了公务，也如期地参加了宫中祭祀，而且做得恰如其分。此时她难以抑制自己失意的心情感叹道："我做不了太多公务了。"

但是纪子妃既然能走到今天，是绝不会轻易言败的，虽然经历了女儿真子婚事延期、悠仁亲王遭"双刀"威胁——2019 年 4 月 26 日，有人在悠仁亲王的书桌上，放了两把水果刀，刀柄部分用胶带缠住，绑在一根长 60 厘米左右的棒子上——这些使她非常苦恼的事件，但她仍在勤奋地执行公务，绝不甘心失去得之不易的"未来皇后"的位子。

秋筱宫一家一直与宫内厅关系处得很好，宫内厅也很照顾秋筱宫夫妇的情绪，在德仁皇太子即位前夕就决定让他们去波兰和芬兰访问。2019 年 6 月，秋筱宫文仁亲王与纪子妃去波兰和芬兰访问之前，在记者见面会上有记者问道："您站在新的立场上，有什么抱负吗？"文仁亲王回答说："今年 5 月进入了令和时代，随之，我和妻子的立场也发生了变化，但对我个人来说，还会作为一个自然人继续存在。我会和从前一样，重视每一次访问，加深与访问国人们的交流。但是，人是要进步的，在这个意义上，我常常想怎样才能很好地完成访问任务，如何能够为国际亲善多做些事情。"

"人是要进步的"，说明秋筱宫文仁亲王明显意识到了自己的立场已经发生了改变，就是说不能完全像以前那样了。但改变又谈何容易？在从小没有意识过自己会成为皇嗣，也没有专心学习过帝王学的前提下，要遵循皇室传统与惯例，也非一日之功，或者说，让他的个性从随性一下子变得严格认真，也不是一件容易的事。

而纪子妃在记者会上根本不谈立场变化的问题，只是津津乐道地谈自己曾去过波兰和芬兰，回忆那时的美好时光。看样子，心中的怨气还没有消。或许她一直都在认真思考如何当皇后，不存在立场改变的问题。

大概是皇族费提高了，终于可以奢侈一把了，如今，出现在公众面前的纪子妃，在穿着上也明显上档次了。不仅仅是服饰，纪子妃连精神状态都明朗了许多。在波兰首都华沙的一个公园里与市民接触时，以及在钢琴演奏会上，纪子妃少有地穿上高调鲜艳的花纹连衣裙，大有引领皇族女性时尚的骄傲。

但是，同时有日本媒体称纪子妃从波兰总统前走过时的表现是"最差"的，是"日本的耻辱""到底是庶民家的孩子"……不过也有人看了录像后说现场状况与媒体报道实际上是完全相反的，尽管波兰总统让他们先走，但纪子妃还是从总统背后绕着过去的。

有人分析，之所以会出现这些针对纪子妃的抨击，是真子内亲王的结婚问题、佳子内亲王对母亲的叛逆、对悠仁亲王的帝王教育不到位等诸多因素叠加的结果，特别是真子内亲王与小室圭的问题长期得不到解决，导致攻击纪子妃的报道越来越多。

对于皇嗣妃纪子来说，真子内亲王与小室圭的关系发展至关重要，因为有日本国民说，如果未来天皇（悠仁亲王）家里有欠债不还的人（指小室圭的母亲），皇室的尊严就没有了。当时还有许多国民对秋筱宫家没有好感，甚至说不希望在新天皇即位庆典上看到秋筱宫一家——当然，这是不可能的，他们不仅出席了，还占有重要的位置。

如今，对于纪子妃而言可谓内忧外患。一方面，自家的事麻烦不断；另一方面，在日本呼吁女性天皇的声音越来越高，尽管德仁天皇与安倍首相达成一致意见，雅子皇后也不愿意让爱子当天皇，但是否出现女性天皇，也离不开日本国民的意愿。

2019 年 7 月 21 日，秋筱宫文仁亲王在记者见面会上说："我认为女性皇族与男性皇族所起的作用基本上是一样的。"这被认为是爆炸性发言，现在日本国民对爱子即位的期待很高，文仁亲王应该也感觉到了这种氛围。如果秋筱宫文仁亲王也希望爱子当天皇，就意味着他认为悠仁亲王不适合当天皇。文仁亲王又说："关于皇位继承之事，是'与制度相关的事情'，我不能多说。"

与此同时，爱子内亲王虽不能单独执行公务，但也开始与父母一起参加公务活动了，她在东宫御所陪同父母出席了招待丹麦和瑞典王族的活动，并且在没有通过翻译的情况下与嘉宾进行了交谈。雅子皇后还打算让爱子内亲王在东京奥运会之时，尝试正式执行国际公务，届时，在比赛场地或赤坂御所以及宴会上，皇族们将迎接来自各国的要人。

那么在内外因素的综合影响下，纪子作为皇嗣妃会心理失衡吗？"功夫不负有心人"这句话有时也不是对每个人都适用。曾有报道说，秋筱宫文仁亲王因真子内亲王的婚事有些抑郁，纪子妃的身体也出现了问题。2019 年 6 月 6 日的《周刊文春》开始连载"秋筱宫家研究"，在第一回中写道：去年夏天，纪子妃面对秋筱宫家的工作人员愁容满面，并说："我可能干不动了。"

但皇嗣妃纪子不愧是经过千锤百炼的，无论报纸杂志如何向她身上泼"脏水"，她仍一如既往地面带微笑执行公务，日本国民也感叹她的精力，都说"真不简单"！

有人评价皇嗣妃纪子说：既然是自己想进入皇室的，一定具有非凡的精神和毅力；她争强好胜，讨厌妥协，直到对秋筱宫家的攻击完全停止前都会"面不改色"。看她最近的笑容，感觉不是微笑而是在咬牙，而有人就是喜欢她现在这个样子："一直希望成为天皇母亲，在忍耐中也能体会到快乐吧？""能生出男孩儿的女强人""在学习院时，一步步接近秋筱宫，必是坚定的、有城府的女人。"

『立皇嗣宣明之仪』——吃了定心丸

明仁天皇 2019 年 4 月 30 日退位时，后面的事情也安排好了：大儿子德仁皇太子即位天皇；二儿子秋筱宫文仁亲王成为"皇嗣"，享受皇太子待遇；德仁天皇退位后，文仁亲王即位天皇，然后再把皇位传给儿子悠仁亲王。

日本政府也特事特办，新设"皇嗣职"，秋筱宫文仁亲王成为"皇嗣"，纪子妃成为"皇嗣妃"，皇嗣妃也将会成为皇后或皇太后。

然而，皇宫严格讲究身份和地位，秋筱宫文仁亲王的地位仍然是宫家，只是享受皇太子的待遇。因此，随着德仁天皇即位，自 1933 年其父明仁当上皇太子以来，时隔 86 年，在现行的《皇室典范》规定下，皇太子位再次出现了空缺，秋筱宫文仁亲王成为第一位皇太子之外的皇嗣，当然，皇太子妃之位也是空缺的。

秋筱宫享受"皇太子"待遇，外人看来是顺理成章的事，但对于日本政府来说并不那么简单，它涉及《皇室典范》、皇室经济法及宫内厅法等一系列问题：皇太子待遇属于"皇族身份变更"，这就涉及了《皇室典范》，里面虽然有"脱离皇室身份"一项，但不是身份变更，需要用特别法案通过；在经济上，秋筱宫家有两人是皇位顺位继承人，从待遇和人员方面都要扩大，又得有特例法案等。日本人在做决策时，都要反复商讨，人人不做决定，但人人都要发表意见，光是会议就开了一箩筐。

尽管秋筱宫文仁亲王一家成为"皇嗣家"，或许他们之前太努力，心中总是抱有一丝希望，当确定德仁亲王和雅子妃分别即位天皇、皇后时，他们难免心里感到失落，时不时就会说出暗讽的话。

有一次，纪子妃与雅子皇后一同出席公务活动，她直截了当地对带着病痛出席的雅子皇后说："我可没有您那样的毛病。"雅子皇后脸上的笑容顿时就消失了。

在德仁皇太子将要即位时，他对弟弟秋筱宫说："希望你拥有更大的志向。""希望能理解（新天皇）我的想法。"但秋筱宫说："我不想当天皇。"有人说，他是在给哥哥泼冷水。

2018年，在宣布秋筱宫文仁亲王为"皇嗣"后的记者见面会上，当记者问他的抱负是什么时，文仁亲王说：

"我之前没讲过什么抱负，基本上是到什么时候做什么事。今后会有各种各样的公务活动，每年的例行公事，我会按照以前的方式去做。但在公务上，如天皇去海外访问，我要临时代行，但我从来没这样做过。现在的皇太子殿下，在昭和时代就有过一次经验。

"关于公务分担，2019年5月以后，皇太子殿下现在所做的工作，与成为天皇后的工作不能同时进行，我只能与皇太子殿下一边商量一边进行。大概是皇太子殿下让给我的更多，我会尽量接受。而我自己在做的工作，如主席、名誉主席，也没有人能马上接替。我想在公务活动之外的时间做自己感兴趣的事情，如做研究之类的。

"今后我们会在皇太子殿下和我如何分担问题上多多沟通，比如宫中祭祀，平成时代已有所改变，今后也有必要改变，我们已经在谈，在随时沟通中。我认为作为皇族的一大作用是维护天皇，我对公务活动有许多想法，对于我来说，今后基本上仍将继续采取接受要求的姿态。"

秋筱宫文仁亲王在谈到德仁天皇即位之礼的费用问题时说："即位之礼是国事行为，有一系列活动，但大尝祭是皇室活动，有很强的宗教色彩。这种宗教色彩很强的活动，用国家财政来办是否妥当，在平成大尝祭时，我就认为不应该那么做，但当时还年轻，只是说说意见。这次还是决定沿袭那时的做法，我其实心里很不愿意。

"一代天皇就只举行一次的大尝祭是很重要的仪式，国家当然很重视，'公'的性质很强，所以，用国家财政来支付。但一想到宗教活动和宪法的关系，我认为还是应该用内廷费来支付。大尝祭本身绝对应该举办，只是直到现在还是使用相当多的费用（注：2019年即使缩减了，也需要27亿日元），且毕竟是皇室活动，我认为在适当范围内举办仪式，不是其本来应该做的事吗？我与宫内厅长官等说过多次，但没人听，我感到很遗憾！"

日本政府决定，2019年举行的大尝祭仍然使用国家经费。想

236

一想，皇家的内廷费是支付不起 27 亿日元的，上皇上皇后、天皇皇后加上爱子五人的内廷费才 3 亿多日元，况且这是天皇即位最重要的一步，关系到日本的国体和脸面。

而成为皇嗣的秋筱宫家要花费 33 亿日元对宫邸大规模扩修，皇族费也升到 1 亿 2810 万日元，专属职员会升为 50 人，不知秋筱宫文仁亲王是否也会感到心痛？

当然，秋筱宫文仁亲王从与皇位无关的次子地位，一下子被推上了相当于皇太子的皇嗣殿下，成为继承皇位顺位第一人，确实需要给他时间进行心理调试。

而对纪子妃而言，让悠仁亲王成为未来天皇是她的头等大事，尽管雅子皇后不想让爱子当天皇，这多少让纪子妃松了一口气，但她还是不敢掉以轻心，想尽一切办法，不让自己的梦想破灭。宫内厅干部说："想让悠仁亲王当天皇的纪子妃的心情，与认为皇统应由男系男子继承的安倍首相的想法一致，安倍首相本来并不喜欢秋筱宫文仁亲王的政治发言及轻率举动，一直与他保持距离，但在'悠仁亲王当天皇'这件事上，两者迅速靠拢，可以说，现在纪子妃与安倍首相在共同奋斗。"

据 2019 年 8 月 22—29 日的《女性 SEVEN》周刊报道：在官邸周边的人们认为，明仁上皇和美智子上皇后有"爱子天皇"的意愿。在官邸网站（政府官网）上可以捕捉到，美智子上皇后一直担忧皇族减少，想创立女性宫家，实现女性天皇，与一直执着于男系天皇的安倍首相的想法有一定的距离。新天皇（德仁天皇）登基后，安倍首相对与皇室的关系充满了自信，因为天皇陛下与首相的想法大致相同。

安倍首相周边的人也说：对于两陛下来说，实现女性天皇直接关系到自己的女儿爱子，特别是作为母亲的雅子，自己进入皇室非常艰辛，不想让女儿背负这样的重大责任，所以她对此并不积极。

但如今，皇室下一代只有一个男性后代悠仁亲王，按照《皇室典范》的规定，如果悠仁亲王也生不出男性子嗣，就又没有了皇位继承人，所以，"爱子天皇"待定论又浮出水面。

德仁天皇和雅子皇后都在西方留过学，思维比较开阔，他们接触最多的两个国家——英国和荷兰——的国王都是女王。从他们自身来讲，日本出现女天皇也是顺理成章的事，特别是现在日本民间对皇室已持开放态度，更愿意接受现实。

曾有媒体报道打出这样的标题：《爱子取得惊人的成长，出现女性天皇的结论是令和三年吗？》。令和三年，正是爱子内亲王 20 岁成人之年，同时，也是坚决否定女性天皇的安倍首相卸任之年。当然，安倍首相因身体原因已经辞掉了首相职位，新任首相菅义伟也不会马上否定前任的想法。

日本政府本来原定于 2020 年 4 月 19 日在皇居正殿的松之间举行"立皇嗣宣明之仪"的国事活动，但因新冠肺炎疫情影响，日本皇室于同年 11 月 8 日举行了上述活动。日本新首相菅义伟出席仪式并讲话，他表示将会和天皇夫妇一同，在皇室活动中支持秋筱宫文仁亲王。秋筱宫文仁亲王正式成为皇位的第一顺位继承人，他也表示将尽其所能履行继承人职责。

应该说"立皇嗣宣明之仪"不仅确立了秋筱宫文仁亲王成为皇位的第一顺位继承人，悠仁亲王也自然而然成了皇位的第二顺位继承人，这样就给了秋筱宫夫妇吃了一颗定心丸。

特别是宫内厅于 11 月 13 日在网上发表了真子内亲王写下将与小室圭结婚的二人心情的文书，其中写道："前年 2 月 7 日我和小室圭结婚及相关各项活动延期至今年，对于皇室来说一系列重要仪式的准备工作已顺利完成，特此通知。

"虽然新冠疫情仍在持续，但 11 月 8 日立皇嗣之礼后的今天，在得到父母的理解之后，我想再次表达我们的心情。之前延期的理由是没有足够的时间准备活动和结婚后的生活，从那以后到现在，我们在重新考虑结婚和之后生活该怎么办的同时，对各种各样的事情进行了交流探讨。衷心感谢一直关心我们、温暖地守护我们的人们。

"另一方面，我知道，由于很长一段时间我们无法传达两人对于结婚的看法，有替我们担心的人们；我也知道，有人因为各种各样的理由对我们结婚持否定态度。但是，对于我们来说，彼此在幸福或不幸的时候都能互相依偎是不可替代的存在。结婚对于我们来说，是在珍重我们自己内心的同时，也是我们生存的必要选择。

"现阶段告知今后事宜的具体内容很难，但我们会为结婚事宜与各自的家人一边商量一边进行。

"我在发表这篇文章时，向天皇、皇后两陛下和上皇、上皇后两陛下作了报告。天皇皇后两陛下和上皇上皇后两陛下尊重我的心情，静静地守护着我，对此我深表谢意。"

秋筱宫文仁亲王在 11 月 20 日的记者见面会上说："宪法上规定，结婚只基于男女双方的自愿，作为家长应该尊重他们。我说过需要许多人认可和祝福，但这许多很难界定，有反对长女结婚的，也有赞成的，也有不关心的。但我主观上感觉现在绝不是许多人赞同祝福的状况，我想我的女儿也有这种感觉。"

在 11 月 29 日的记者见面会时，秋筱宫文仁亲王又说："虽然同意女儿真子内亲王与男友小室圭的婚事，但仍然有问题没有解决，不确定订婚仪式何时举行。同时要求小室圭家化解债务纠纷并做出解释，同时征得多数人对这门婚事的同意和祝福……如果真子的婚事今后仍然难获多数人祝福，不排除两人不举行相关仪式的可能性。"

无论是宫内厅发表真子内亲王的文书，还是秋筱宫文仁亲王的记者招待会，都是在为真子内亲王和小室圭结婚给日本民众打预防针。一旦真子内亲王的婚事问题解决了，就等于为悠仁亲王成为未来的天皇扫除了障碍。

当然，明仁天皇因身体原因生前退位，而日本政府虽然出台了退位法案，但仅适用于明仁天皇这一代，德仁天皇可以像明仁天皇之前的天皇一样终身在位。即使德仁天皇今后主动退位，秋筱宫文仁亲王和纪子妃也必定上了年纪，他们不过是儿子的过渡阶段，德仁天皇应该会直接把皇位传给悠仁亲王。

但这也只是在正常的情况下。人的寿命不可预测，因此，之后的变数还很大。纪子皇嗣妃能否成为皇后或皇太后，需要由时间来证明。

如果悠仁亲王注定成为日本的未来天皇，那他何时能继位天皇？他将成为日本史上什么样的天皇？只能拭目以待！

尾 声

　　平民三皇妃不仅为日本民众，也为世界人们打开了日本皇室的大门，同时这也体现了日本在第二次世界大战后进入了民主主义社会。

　　日本国民崇尚教养和彬彬有礼的言谈举止，从内心对贵族出身的人怀有恭敬之意，这些都与日本皇室的存在有着密切的关系。而现今的日本皇室既保留了贵族精神，也在随着时代的发展做着相应的改变。

　　美智子妃、雅子妃及纪子妃虽然都是平民出身，但无论从学识上，还是教养上，都是女性中的佼佼者。而要适应古老的日本皇室的宫规，即使付出一生也未必都能做到。因此，在贵族势力渐渐衰落的今天，未来的皇妃仍然需要从平民女子中选出，这也意味着日本皇室不得不自身加以改变，以能绵延不断地持续下去。

　　对于日本皇室来说，还面临着一个重大的问题——子嗣。正如日本专家所言："悠仁亲王的诞生，虽然暂时解决了修改《皇室典范》问题，但日本皇室制度并不稳固，最年轻的一代只有一名男丁，从长远来看，还是应该改革皇室制度。"

明仁天皇时也曾在心里对此问题非常焦虑，他考虑是否要恢复战后被贬为平民的旧皇族身份，以保皇室繁荣。确实，在 2019 年 10 月 22 日德仁天皇的"即位礼正殿之仪"上就已经展露无遗——除了秋筱宫文仁亲王和坐着轮椅的常陆宫正仁亲王外，其他皇族都是女性。

而在日本持有血统论的右翼不在少数，他们坚决反对"女性天皇"，认为如果爱子内亲王成为天皇，之后与普通男子结婚，生出的孩子就是另一种男系血统，而非皇族血统，日本延续 126 代的男系天皇血脉就断绝了。

大阪大学大学院人间科学研究科牟田和惠教授说：联合国消除对妇女歧视委员会早对日本不承认女天皇表示担忧，劝说修改《皇室典范》，但日本政府总是以"国民支持的皇室制度尚没有得到充分讨论，现在修改还不适宜"为由拖延……

如果这种状况持续下去，日本民间的哪个女子敢贸然成为悠仁亲王未来的太子妃呢？那绝对是"压力山大"！何况日本平民女子很少有愿意嫁入皇宫的，即使有个别女子愿意，也很难符合皇室的标准，更不要说还需得到悠仁亲王的认可才行。

有皇室记者就曾说道：悠仁亲王结婚会变得更加困难，年轻人对皇室没有太多兴趣，况且人们都知道美智子妃与雅子妃受了很多苦。即使是开放的皇室，仍然有仪式和传统，没有自由。女性进入社会工作的趋势增强，不愿结婚的女性也在增加。与 30 年前有很大不同的是互联网的普及，有了小室圭的例子，年轻女性会担心"只要当上了候选妃，网上就会写这写那"。所以，只能希望悠仁亲王能找到像雅子皇后那样理想的女性。

悠仁亲王出生于 2006 年 9 月 6 日，到 2021 年就要 15 岁了，大概宫内厅已经在秘密为他寻找妃候选人了。应该在不久的将来，悠仁亲王的候选妃人选问题将成为日本的又一个热门话题。

主要参考资料及书目

[日] 日本宫内厅网站 https://www.kunaicho.go.jp/.

[日] 雅子妃诞生（《女性自身》紧急增刊）.[雑誌]. 東京：光文社，1993.

[日]《天皇論》特集 .[雑誌]. 東京：朝日新聞社，2019.

[日] 原武史：平成の終焉 [M]. 東京：岩波新書，2019.

[日] 友納尚子：皇后雅子さま物語 [M]. 東京：文春文庫，2019.

[日] 島田裕巳：神社崩壊 [M]. 東京：新潮新書，2018.

[日] 菅孝行：三島由紀夫と天皇 [M]. 東京：平凡社新書，2018.

[日] 大角修：天皇と皇室 [M]. 東京：知的生き方文庫，2018.

[日] 原 武史：「昭和天皇実録」を読む [M]. 東京：岩波新書，2015.

[日] 保阪正康：天皇のイングリッシュ [M]. 東京：廣済堂新書，2015.

[日] 村上重良：天皇の祭祀 [M]. 東京：岩波新書，2012.

[日] 岩波新書編集部：日本の近現代史をどう見るか（シリーズ日本近現代史⑩）[M]. 東京：岩波書店，2012.

图书在版编目（CIP）数据

日本平民三皇妃物语／白美英著 . −− 北京：新星出版社，2021.5
ISBN 978−7−5133−4371−8

Ⅰ.①日… Ⅱ.①白… Ⅲ.①皇妃−生平事迹−日本 Ⅳ.① K833.138.5

中国版本图书馆 CIP 数据核字（2021）第 028553 号

日本平民三皇妃物语

白美英 著

责任编辑：孙立英
责任校对：刘 义
责任印制：李珊珊
装帧设计：冷暖儿 unclezoo

出版发行：新星出版社
出 版 人：马汝军
社 址：北京市西城区车公庄大街丙3号楼 100044
网 址：www.newstarpress.com
电 话：010-88310888
传 真：010-65270449
法律顾问：北京市岳成律师事务所

读者服务：010-88310811 service@newstarpress.com
邮购地址：北京市西城区车公庄大街丙3号楼 100044

印 刷：北京天恒嘉业印刷有限公司
开 本：880mm×1230mm 1/32
印 张：8
字 数：172千字
版 次：2021年5月第一版 2021年5月第一次印刷
书 号：ISBN 978-7-5133-4371-8
定 价：45.00元